I0816353

El **SUEÑO** *en el que me* **SUMERGÍ**

ALEX TOLEDO

El SUEÑO *en el que me* SUMERGÍ

"Todo eso que pasó mientras dormía"

BLACK*Birds*

El papel utilizado para la impresión de este libro ha sido fabricado a partir de madera procedente de bosques y plantaciones gestionadas con los más altos estándares ambientales, garantizando una explotación de los recursos sostenible con el medio ambiente y beneficiosa para las personas.

El sueño en el que me sumergí
Todo eso que pasó mientras dormía

Primera edición: septiembre, 2024

penguinlibros.com

ISBN: 978-607-384-883-1

Impreso en México – *Printed in Mexico*

Antes de que te sumerjas conmigo en este nuevo viaje,
me gustaría compartir contigo una playlist
con todas las canciones que me ayudaron a escribir este libro.
Si es la primera vez que me lees,
debes saber que soy un melómano
empedernido y no sé escribir sin música.
Si ya me has leído antes, sabes entonces
de lo que hablo y que la experiencia de mis libros
se vuelve más envolvente con música.
Deseo que disfrutes esta playlist tanto
como yo disfruté escribir este libro para ti.
Escanea el código, ponte los audífonos y disfruta el viaje.

A mi padre y mi abuelo.
Y a todas esas personas que,
en medio de mi oscuridad,
fueron mi luz.

Dedicado a todos los que han
sobrevivido y encontrado la luz
en lo más profundo de su
propia oscuridad.
Son muy valientes.

Y una vez que la tormenta termine, no recordarás
cómo lo lograste, cómo sobreviviste. Ni siquiera estarás
seguro si la tormenta ha terminado realmente.
Pero una cosa sí es segura: cuando salgas de la tormenta
no serás la misma persona que entró en ella.

Haruki Murakami

Prefacio

La pequeña muerte:

momento, en algún punto de la vida, que te desconecta. Estado de realidad suspendida. Puede ser real o solo una sensación breve, ya sea por algún evento de impacto mental, emocional o físico. Un estado de shock, de trauma o placer que pareciera robarnos el aliento. Es aterrador y liberador al mismo tiempo, te hunde y te eleva. Es una revelación, una epifanía que hace que nada vuelva a ser como antes, empezando por uno mismo.

Sobrevivir:

seguir aquí, permanecer, durar a pesar de lo vivido.

A lo largo de la vida nos vamos convirtiendo en sobrevivientes, ya sea de situaciones, personas o relaciones, no importa: uno siempre termina sobreviviendo a algo o a alguien. Hay quienes sobreviven a la muerte y quienes sobreviven a otros tipos de muerte, como "las muertes pequeñas". Existen muchos tipos: dejar una relación, abandonar un lugar, terminar una amistad, que planes importantes se vengan abajo, un accidente, una enfermedad... Muchas no son el final, sino el inicio de algo nuevo. Yo mismo experimenté una pequeña muerte, de esas que te ponen al filo de la navaja y amenazan con el peor escenario en cada momento. Fue una "muerte" breve, pero se sintió eterna. Me regresó a la vida para realmente empezar a vivirla y no solo a existirla. Y ahora llevo su recuerdo grabado en mi cuello en forma de cicatriz circular, como muestra de lo que significa dejar de estar para luego volver y poder continuar.

Pienso que no hay muerte más terrible que aquella que se experimenta sin dejar de respirar, viviendo solo por vivir, y eso me pasó por un periodo de tiempo durante 2022. Di por sentadas varias situaciones y comencé a sumergirme en una especie de mutismo e inercia en donde ya hacía muchas cosas en automático. Pero la vida, que es sabia, siempre tiene maneras de hacernos reaccionar, de frenarnos y, si es necesario, darnos un par de bofetadas que nos ayuden a despertar.

Yo no sabía que sería un sobreviviente, pero la tarde del 3 de octubre de 2022 empezó mi camino para convertirme en uno: tuve que ser hospitalizado de emergencia por una grave falla pulmonar provocada por un particular tipo de neumonía. Así comenzó mi viaje que dio como resultado veintidós días intubado a un respirador artificial y poco más de mes y medio hospitalizado. Pero este libro no es la cronología ni el registro clínico de lo que ocurrió durante esos días estando al cuidado de todo un equipo de médicos y especialistas en enfermedades respiratorias. Tampoco es la historia de mis días hospitalizado ni la reflexión sobre mi proceso médico y lo incómodo y doloroso que fue. Más bien es la historia de todo lo que pasó mientras yo dormía, de eso que no se vio afuera, pero ocurrió adentro, en los abismos de mi mente, y quizás afuera pero no alrededor de mi cama de hospital, sino más allá de mi cuerpo, en otro tiempo y espacio que traspasó los límites de mi consciencia y que, incluso hoy, sigo tratando de descifrar y entender para poder integrar esas experiencias a mi existencia y así lograr darles un significado completo.

Después de una vivencia así, la palabra "sobrevivir" toma un significado distinto. Es una palabra que de hecho encierra muchos significados: coraje, esperanza, fe, resiliencia, confiar, creer… Una persona que sobrevive a algo, lo que sea, es alguien que experimenta todas las palabras anteriores y se convierte en ellas. Sobrevivir es durar, seguir, permanecer a pesar de haber vivido algo que te puso al borde del precipicio. Por eso pienso que todos somos, de alguna manera, sobrevivientes. Y pienso que el chiste, después de eso, es convertirnos sólo en vivientes que dejan el "sobre" a un lado para hacer lo único importante: vivir.

Es común que muchas historias de supervivencia que lograron las hazañas más impensables estén acompañadas de hechos y relatos no tan convencionales que escapan a los límites de la razón y lo científicamente medible, pero no por eso dejan de ser menos reales. Hechos que muchas personas han vivido y sin embargo no van contando en voz alta a cualquiera, al contrario, los guardan en ese cajón íntimo y privado a donde vuelven con frecuencia para revisarlos detenidamente y tratar de encontrar algún significado o explicación. Lo que vas a leer en las siguientes páginas es justo eso, mi experiencia y testimonio de lo que vi, sentí y escuché en algún sitio donde me encontraba mientras aquí trataban de hacerme respirar otra vez. Es todo eso que por mucho tiempo no he contado a casi nadie, con excepción de mi círculo más cercano, pero que ahora quiero compartir contigo porque creo que es importante, porque tú, quien está leyendo estas líneas, eres importante.

Estas páginas son el vehículo con el que te entrego mis vivencias durante esa que, aunque nunca fue una muerte clínica, sí considero una "muerte pequeña", porque con certeza puedo decir que algo murió y nació en mí a partir de esos momentos. Además, estoy convencido de que esto, a pesar de narrar una experiencia muy personal y que no necesariamente define la experiencia de otros, en algún punto también es la historia de todas las personas que luego de atravesar algún abismo, del que creían nunca poder salir, siguen aquí. Y con eso no quiero dar a entender que quienes no han logrado sobrevivir son menos valiosos. Al contrario, las personas no solo sobrevivimos para nosotras mismas, lo hacemos por quienes no pudieron lograrlo y por ellos vivimos. Sobrevivir es también un homenaje a todos ellos. Por eso aquí te dejo la historia mía, tuya y nuestra; la historia de quienes han colapsado y de entre los escombros han podido reconstruirse. Aquí está la historia de alguien que por un momento pensó que ya no había nada que hacer, que todo se había perdido, y justo cuando la oscuridad estaba a punto de tragarme, apareció un pequeño rayo de luz que todo lo comenzó a iluminar. Te doy la bienvenida a ese viaje que atravesé mientras intentaba sobrevivir a algo que parecía imposible de superar pero que me ha ayudado a encontrarle un nuevo significado a esto de vivir y recuperar los motivos y las ganas para seguir. Porque al final, no hay nada más valeroso que ser sobreviviente. Y si tú también has sobrevivido, te celebro y te agradezco por haber sido tan valiente.

Con cariño,

@alejillotol

"Entonces ves cómo la oscuridad termina y poco a poco todo se vuelve a iluminar. Ahí, en ese instante, por fin comprendes que la oscuridad tuvo un propósito: permitirte ver con claridad lo que pasa afuera y dentro de ti, porque no se puede alcanzar ninguna luz sin atravesar antes la penumbra. Darnos cuenta de ello es, quizá, lo verdaderamente importante de seguir aquí".

Uno
urgencias

De pronto despiertas, alcanzas a ver de manera borrosa un letrero gigante que dice URGENCIAS. Hay mucha gente a tu alrededor. Te han bajado en camilla de una ambulancia y sientes la presión del oxígeno que sale del tanque a máxima potencia porque tus pulmones no están respirando con normalidad y tu saturación de oxígeno bajó de manera súbita. Te meten a un consultorio pequeño lleno de personas. Sigues en la camilla y a partir de ese momento ya no bajarás de ella, pero eso todavía no lo sabes. Lo que sí sabes es que estás en una situación de emergencia y aunque sería más sencillo autoengañarte y creer que no es tan grave, la realidad te golpea en la cara.

No entiendes muy bien qué pasará después, pero una parte de ti siente paz porque al fin estás en un sitio donde van a darte los cuidados necesarios para eso que no sabes qué es y que te ha estado aquejando durante meses. Unas enfermeras te rodean, toman notas, preparan soluciones, conectan cables, sacan papeles y te hacen preguntas de rutina como cuál es tu nombre, dirección, estado civil y demás datos que respondes casi en automático. Pese a lo agitado del momento y la incertidumbre, tienes buen ánimo y hay un raro optimismo en tu interior. Sigue habiendo mucho movimiento y una enfermera te quita la playera dejándote con el torso desnudo. Te envuelve el brazo izquierdo con una banda de tela para tomarte la presión mientras otra ya te ha metido un termómetro bajo la axila derecha. Luego de un rato te informan que la presión es 110/60, un poco baja pero la temperatura está normal: 36.5. Eres consciente de que todo eso es el resultado de meses de padecimientos y síntomas que nunca se trataron a tiempo porque pensaste que se podían controlar y solucionar con las consultas particulares y médicos de farmacia.

Un doctor, joven, no mayor que tú, se acerca. Te lanza una sonrisa amable y te mira con calma, como queriendo decirte que todo está bajo control, que no hay nada de qué preocuparse. Ambos saben que la situación tampoco está como para tomarse un café, pero no sientes miedo. Comienza a hacer una auscultación. Pasa sus manos por zonas estratégicas de tu cuerpo buscando algún punto de dolor o inflamación. Luego sube a tu cuello y comienza a palpar, está buscando algo. *Ganglios.* Y recuerdas que los ganglios inflamados son síntoma de una infección grave, generalmente por un virus, uno muy particular en tu caso. Entonces un presentimiento crece en tu interior y quieres ignorarlo, pero no puedes. Tus sospechas parecen convertirse en certezas y ahora el golpe de realidad no te está dando tregua. Ya no puedes esquivarlo. "Hazle una", escuchas al médico decir. ¿Una qué? Sabes muy bien qué. Sacan un pequeño dispositivo blanco con el que te pinchan el dedo: una brillante gota roja se forma en la punta y la colocan sobre una pequeña bandita. *Lo sabía.* Pero no tienes miedo. ¿Cómo pude dejar que esto pasara? Debí haberme hecho caso cuando aún estaba a tiempo. ¿Me van a internar? Me van a internar. ¿Me quitarán el celular? *Hay cosas más urgentes por las cuales preocuparse y te preocupa que te quiten el celular. Ridículo.*

Una enfermera de aspecto amable te acerca una serie de papeles que debes firmar. En el encabezado de uno dice "Solicitud de ingreso". *Entonces sí me van a internar, no hay duda.* Firmas todo lo que te piden: autorizaciones, permisos y un montón de requerimientos más. Toda una experiencia burocrática.

De pronto, recuerdas que vas acompañado, alguien a quien amas mucho ha estado contigo en todo ese proceso y firma como responsable tuyo. Sueles llamarlo "mi amor". No han podido mirarse en todo este rato porque ambos han estado ocupados firmando. Pero entonces, durante un brevísimo lapso, sus miradas se cruzan. *Vas a estar bien. Voy a estar bien.* Te das cuenta de que hay miedo, tristeza e incertidumbre en su mirada, pero también hay esperanza. Se sonríen y se toman de la mano como nunca lo habían hecho, como quien no quiere soltar a alguien que teme perder.

Hay tanto movimiento exterior que apenas eres consciente del movimiento en tu interior; el ruido de los médicos y enfermeras opaca el de tus emociones y sentimientos que están en ebullición. Como si se tratase de una lucha en cuadrilátero, el bullicio externo te pone contra las cuerdas y decides concentrarte en lo que pasa ahí afuera; es más sencillo que detenerte a analizar tus emociones. Una de las enfermeras se acerca al médico a enseñarle el resultado. *Mierda.* El doctor te mira, sabes que no es el resultado que hubieran deseado, pero era el que esperaban. Pregunta si ya tenías conocimiento del diagnóstico. Niegas con la cabeza, pero tampoco te causa sorpresa. A pesar de la noticia, sigues sin sentir miedo y una extraña sensación de calma se instala momentáneamente porque al fin todo tiene sentido y ya conoces la razón de todos los problemas de salud que has estado enfrentando desde hace mucho tiempo. Otra vez tu mirada y la de Él se cruzan. En la suya ahora ves sorpresa disimulada, pero sin juicio o reproche. ¿Cómo es que pasó? Luego decides que pensar en eso no sirve de nada. Las cosas son como son.

Él sigue aferrado a tu mano. Las enfermeras y el doctor se apartan un poco y les dan espacio para charlar. No hay mucho que decir. Ambos lo aceptan y se dan un beso. *Todo va a estar bien. No importa. Lo vamos a superar juntos.* Te dice que lo importante ahora es que estés bien. Asientes. No lo sueltas de la mano, no quieres, pero sabes que debes hacerlo. Todo está listo para tu ingreso. Te llevan a urgencias. Ves a tus padres entrar a la sala a despedirse de ti. A tu madre con el miedo y la confusión que se le desbordan por la mirada. A tu padre ni siquiera alcanzaste a verle la cara y te quedas con el "adiós" en los labios. Les dices a todos que los ves en unos días, que te irás de vacaciones. Las enfermeras ríen. Les parece curioso que todo lo tomes con tan buen humor a pesar de la gravedad. La puerta se cierra tras de ti y te llevan en la camilla a otra sala llena de cuartos. Se detienen en tu cubículo que solo está separado de los demás pacientes por unas cortinas. Los camilleros te cargan y te pasan a la cama. Te desconectan del tanque de oxígeno que llevaste durante todo el recorrido en la ambulancia y rápidamente te conectan a un aparato enorme, es un oxigenador con más potencia. Te quitan la playera, los pantalones, y una enfermera te ayuda a ponerte una bata de hospital; una vez puesta te quitas la ropa interior y la enfermera echa todas tus pertenencias en una bolsa de plástico que sale a darles a tus familiares.

Un enfermero de aspecto también amable, más joven que tú, viene para acomodarte las puntas nasales de alto flujo que ahora entran por tu nariz y suplen de grandes cantidades de oxígeno a un par de pulmones que ya no saben cómo respirar. Sientes la potencia del aire entrando y la sensación comienza a ser molesta pero, por otro lado, comienzas a dejar de sentirte cansado por el esfuerzo de respirar y los dolores aminoran. Mientras eso pasa, una enfermera te prepara el brazo derecho para ponerte un catéter y comenzar a conectar un montón de cables. Notas que ha comenzado a desaparecer el dolor en el pecho, ahora la máquina respira por ti y tienes el oxígeno que necesitas para darle tiempo a los doctores de hacerte estudios y saber qué clase de bacteria ha decidido instalarse en tus pulmones gracias a ese virus que llevaba siendo un huésped silencioso desde quién sabe cuánto.

Se acerca una enfermera sonriente, de mirada vivaz y actitud diligente. Es bonita. Te mira y se presenta. Se llama Fanny y te dice que va a ser tu enfermera en el turno de la noche. No tienes idea de qué hora es, así que le preguntas y te muestra la pantalla de su reloj inteligente: 8:45 p. m. ¡Cuánto tiempo ha pasado! Fanny comienza a revisar los cables y que estés bien conectado. Te pregunta si tienes molestia por las puntas nasales y respondes que sí. De pronto el aire ha comenzado a salir frío y la sensación es muy incómoda. Fanny hace algunos ajustes y la temperatura del aire vuelve a ser tibia. "¿Qué va a pasar ahora?" Fanny vuelve y gentilmente te explica que más tarde vendrán a tomarte estudios y pasará el doctor en turno para explicarte la situación. "Duerme un poco, intenta descansar. Y no tengas miedo, vas a estar bien. Confía". Te extraña la forma en la que te lo dice, con tanta seguridad y dulzura, pero sientes paz e intentas descansar.

Al cabo de un rato, alguien a lo lejos comienza con un terrible ataque de tos. ¡*Que alguien le dé un jarabe a ese hombre, por Dios Santo!* Un carrito metálico y su tintineo se unen a la banda sonora de la sala de urgencias. Hay ruido por todas partes: enfermeras yendo de un lado a otro, voces, pasos, cosas que se caen, metales, timbres, alarmas, pitidos… todo en una orquesta sin pies ni cabeza. Aun así sigues con los ojos cerrados tratando de concentrarte solo en ese color rojizo del interior de tus párpados que no es otra cosa más que la sangre reflejada por la horrible y mortuoria luz blanca que tienes justo arriba de tu cabeza.

Después de unos minutos te das cuenta de que es imposible conciliar el sueño y abres los ojos. Miras a tu alrededor detenidamente y te percatas de que la sala de urgencias en la que estás no se parece en nada a las que habías visto en las series o películas. Tiene todo lo necesario, pero estéticamente es un poco deprimente. El horrible color amarillo deslavado de las paredes y el techo, junto con el horrendo piso gris, dan una sensación bastante desoladora y fría. Lo que sí es un hecho es que la cama es mucho más cómoda de lo que imaginaste y recuerdas cuando te preguntabas si las camas de hospital lo eran y hoy compruebas que sí, no están del todo mal. Entonces empiezas a preguntarte qué estarán haciendo tus padres y Él, ¿seguirán allá afuera esperando algún informe o indicación? ¿Tardará mucho en venir algún doctor? Quién sabe, pero acaba de entrar un enfermero, delgado, de lentes y ojos tristes. Te informa que va a tomar tus signos vitales. Asientes. Te toma el brazo izquierdo, lo envuelve con la banda del tensiómetro —que luego de unos segundos comienza a inflarse— y sientes la presión en tu brazo. Ese apretón siempre te ha parecido muy relajante. La presión sigue un poco baja y de nuevo te sugieren descansar. *¡Otra vez! ¿No ven que es imposible dormir? Nadie desea dormir más que yo, pero no se puede.* Respiras y le contestas al enfermero con una lánguida sonrisa. Entonces por instinto buscas con tu mano el bolsillo derecho de tu pantalón, pero recuerdas que ya no llevas pantalón y que te han quitado el celular. *Me va a dar FOMO* (fear of missing out o sentir que te pierdes de algo). *¿Qué voy a hacer sin teléfono quién sabe cuánto tiempo? ¿Te calmas? Seguro estarás unos cuántos días.* Vuelves a cerrar los ojos y esta vez sí intentas dormir, pero el ruido del oxígeno entrando a presión por la nariz hace que sea complicado. *Ya estuvo que no dormí, es imposible. ¿Qué hora será?* Una enfermera muy apresurada que ni siquiera te voltea a ver entra y se acerca a la pantalla a la que está conectado el oxímetro, pica unos botones y la gira un poco hacia donde estás para que puedas verla. Te dice que estás oxigenando bien y te muestra un 93 en la pantalla. *Supongo que es imposible oxigenar bajo cuando tienes cuarenta o más litros de oxígeno por minuto entrando a toda presión a los pulmones.* Sonríes. La enfermera te dice que en un rato más estará el doctor contigo para explicarte el cuadro. Antes de que se vaya, le preguntas la hora: 9:05. Y se va. *Mal momento para ser alguien impaciente.*

Luego de un rato en el que estuviste mirando al techo, pensando en todo y nada e intentando dormir sin éxito, unas personas forman un círculo en la entrada de tu cubículo. No puedes escuchar bien lo que dicen, pero sí puedes notar las miradas suspicaces que te lanzan. Te ponen nervioso. Notas que ellos saben algo que tú no. Uno de ellos, un doctor joven de lentes redondos y barba de candado, se toca la barbilla y pone cara de preocupación mientras te lanza una fugaz mirada. *¿Por qué a los médicos les fascina el misterio? Tienen un complejo de Dr. House.* Tras varios minutos deliberando quién sabe cuántas cosas, el médico en jefe te mira con reserva y se acerca a tu cama. Te saluda y se presenta. Se llama Mauricio. A continuación, acerca un banquito y se sienta para hacerte varias preguntas. Quiere saber desde cuándo empezaste a sentirte mal. Tratas de resumir lo más que puedes y sólo te concentras en los detalles importantes. Empiezas recordando que todo empezó en julio con una tosecita molesta y carraspera en todo momento, fuiste con un otorrinolaringólogo que te revisó, pero no encontró nada extraño en tu garganta ni esófago. Al cabo de unas semanas y luego de una noche de karaoke en la que compartiste micrófono con varias personas, empezaste con un cuadro severo de bronquitis que fue tratada con antibióticos y desinflamatorios. No recuerdas el nombre de los medicamentos. Luego estuviste bien unas tres semanas y a la cuarta de nuevo caíste con otro cuadro de lo que parecía ser bronquitis, pero ya comenzabas a respirar con dificultad, así que decidiste visitar a un neumólogo que no sirvió de mucho. *Recuerdo cómo me hizo perder tiempo ese imbécil. Nunca me mandó a hacer estudios adecuados, solo me llenó de medicamentos que tampoco eran los correctos. Y para lo caro de sus consultas, lo menos que esperaba era una valoración más detallada. Cuando tuvo que ir a hacerme una visita a casa porque yo ya estaba con oxígeno, mandó a un colega suyo que, después de verme, me dijo que no había nada* más *que hacer, que era probable que el cuadro se agravara y que no había posibilidades de que yo amaneciera al día siguiente si me quedaba en casa, tenían que internarme con urgencia. Ese mismo día llegué al hospital.*

Esa historia se cruza en cuestión de segundos por tu cabeza, pero la omites mientras sigues respondiendo lo que el doctor quiere saber. Después de vaciar algunos datos en una hoja, te pregunta si algún otro médico que visitaste te dio otro diagnóstico. Por un instante no tienes idea de lo que habla, pero luego de unos segundos lo captas y sabes a lo que se refiere. *La prueba rápida.* Piensas que todos, tarde o temprano, terminan formando parte de alguna estadística. *¿Ahora soy eso, una estadística? ¿Será que siempre estuve destinado a serlo? ¿Es la norma por ser quien soy?*

Tu atención regresa al médico, que te explica que harán algunas pruebas más para asegurarse de que todo sea correcto, pues lo más probable es que esa neumonía sea consecuencia de otros temas de salud subyacentes. Comienzas a resignarte. El médico regresa con el grupo de residentes y practicantes que durante todo ese tiempo se dedicaron a revisar las pantallas, tomar notas y checar síntomas. Después de un rato, vuelven a reunirse en círculo. Murmullos y palabras incompletas. El médico voltea, te mira fijamente y sin mayor reparo te dice que estás muy grave, que harán todo lo posible pero que debiste haber llegado antes y a ver si pasas la noche. Vaya bienvenida. Sin embargo, lo tomas con calma. En efecto, sabes que hay algo serio desde el momento en que debes requerir oxígeno, además, recuerdas que el perfil psicológico de la mayoría de los médicos incluye rasgos psicópatas y disfrutan mucho la adrenalina, el dolor y el miedo ajeno, dar malas noticias y ser muy alarmistas para sobresaltar a los pacientes, luego darles el remedio y quedar como los salvadores porque el complejo de héroe y el narcisismo son casi una asignatura más en la carrera. Nada fuera de protocolo.

Tu cabeza cae pesada sobre la almohada. *Claro que voy a pasar la noche, no llegué en la raya. Quizá sí debí haberle hecho caso a mi madre cuando me sugirió venir al hospital en lugar de ir a perder el tiempo con ese idiota. Pero voy a estar bien… Voy a estar bien…*

La luz blanca horrorosa que ilumina la sala es terrible para conciliar el sueño. Recuerdas por qué no te gustan los hospitales: por la luz. Los hace ver grises, como morgue, y es muy desolador. Aun así, tratas de dormir. Piensas que al menos ya llegaste al lugar donde pueden darte los cuidados necesarios. Notas que el dolor del tórax por el esfuerzo de respirar ha disminuido y te cuesta menos trabajo hacerlo. Ya no respiras sumiendo la panza, el aire entra suave e infla tus pulmones y tu pecho con normalidad. Sientes un atisbo de paz que desaparece cuando una enfermera entra acompañada de dos chicos que traen arrastrando una máquina. Te saluda con gentileza y se presenta, su nombre es Rocío. Te indica que van a sacarte un par de radiografías de tórax. Uno de los chicos te dice que solo te reclines un poco para que pueda pasar por tu espalda una placa metálica que está helada. Te recargas de nuevo, te pide que no te muevas y en menos de un parpadeo te dicen que todo está listo. Los chicos se retiran y la enfermera se queda contigo. Te dice que en un momento más vendrán de los laboratorios a sacarte estudios, serán varios tubitos. Te pregunta si te dan miedo las inyecciones y respondes que no esbozando una sonrisa. *Si no me dio miedo cuando más trabajo me costaba respirar, menos me van a espantar unas cuantas agujas.* La enfermera te dice lo que, al parecer, ya es muletilla ahí: que trates de descansar. A esas alturas es mejor reírse y decir que sí. La enfermera se va y de nuevo te quedas solo en medio de todo el ruido de la sala de urgencias.

Te acomodas en la almohada. Agradeces que sean más cómodas de lo que pensabas, aunque empieza a darte frío y también ganas de orinar. *Houston, tenemos un problema.* Tocas el timbre que te dejaron al lado de la cama y a los pocos minutos llega Rocío. *¿Y la tal Fanny?* Le dices cuál es la situación. Rocío te mira suspicaz, se le hace raro que tengas frío. Se acerca y te toca la frente. Estás ardiendo. De inmediato saca un termómetro digital que te pone bajo la axila izquierda y, cuando el aparato emite un pitido casi inaudible, lo saca. No está sorprendida. Casi 38. No es frío, es fiebre. Te sube la bata y te descubre las piernas. Te dice que va a ir con el doctor para recibir indicaciones y cuando ella sale, entra un enfermero con varios tubos de plástico en la mano. Te saluda, se llama Armando. Te pregunta cómo estás y respondes irónico que de maravilla, que mejor, imposible. Él entiende el sarcasmo y te felicita. Luego te prepara y te explica que va a sacarte varios frascos de sangre para hacerte estudios. Y ahí comienzan tus primeras marcas de guerra. Te aprieta el brazo y te pide que cierres el puño con fuerza, luego que relajes y, una vez que encuentra la vena, clava la aguja. Sientes ese pinchazo que provoca un dolor agudo momentáneo y luego desaparece. Al cabo de unos minutos, Armando extrae un total de siete frascos y te dice que los llevará al laboratorio; esperan tener resultados en unas horas. No sabes qué hora es y le preguntas: las diez menos cuarto. *¡Mierda! Siento que han pasado horas. Esto será largo.* Armando se va y al momento entra Rocío, te va a suministrar un gramo de paracetamol para controlar la fiebre y te pone unas compresas húmedas y frías en la frente y en la nuca para ayudar a bajar la temperatura. Eso debe funcionar. Rocío se marcha y estás solo de nuevo, viendo al techo y las horribles luces blancas. *Es curioso cómo uno de mis mayores miedos terminó por hacerse realidad. ¿Por qué no me hice caso? ¿Negligencia? ¿Vergüenza? ¿Irresponsabilidad? ¿Distracción?... Yo, que siempre había tenido control sobre mi salud y conocía la importancia de la prevención y los chequeos... Chale. Supongo que más vale tarde que nunca.* Tus ojos comienzan a sentirse pesados e incluso el ruido externo resulta arrullador. Te sumes en una oscuridad mientras el barullo de afuera se va convirtiendo en un eco cada vez más inaudible y difuso. Ni siquiera el ruido del flujo constante de oxígeno te distrae del sueño. *Al menos sigo respirando.* Y el sueño se apodera de ti.

Dos
casi estable

Rocío te aprieta suavemente la mano. Te despiertas. Por un segundo cruzó en tu cabeza la ridícula idea de que todo eso fue un mal sueño y entonces despertarías en tu departamento como siempre, le darías su beso de buenos días a Él y te prepararías para hacer ejercicio como todas las mañanas. Pero no es un sueño, sigues en el hospital. Entraste a urgencias hace unas horas por una insuficiencia respiratoria debido a un particular padecimiento que, como un polizón, se coló en tu sistema para convertirlo en su hogar sin que te dieras cuenta. Rocío te pone la banda del tensiómetro para tomar tu presión y, mientras se infla, te coloca de nuevo el termómetro. Luego de unos segundos, sonríe y te dice que la fiebre ha bajado, estás en 37 exactos. La presión está normal y le preguntas qué hora es, ella ve el reloj en la pantalla de su celular y te la muestra: son casi las dos de la madrugada. *¿Tanto tiempo dormí? ¿Y la tal Fanny?* Rocío se va. Te alegras de que la temperatura haya bajado aunque, por otro lado, dudas si realmente hay algo por lo que alegrarse. *Sí, sí lo hay: sigues aquí.*

Después de lo que según tus cálculos es una hora, entra un grupo de médicos y doctoras, traen unas tablillas con hojas y el que te dio la cálida bienvenida se sienta junto a ti. Esta vez luce más amable y gentil. Ya de cerca te das cuenta de que es guapo. Puedes notar con más detalle su barba cerrada y ese caprichoso vello del pecho que se le asoma coqueto por el cuello de la camisa. *Estúpidos y sensuales médicos.* Tus pensamientos se esfuman cuando te dice que ya les entregaron tus resultados de los análisis. Parece ser que lo que tienes en los pulmones es un hongo que está causando una neumonía bastante severa, hongo que en otras condiciones más inmunocompetentes no debería hacerte ni cosquillas, pero dadas tus condiciones inmunitarias, ha comenzado a causar estragos. El cuadro es bastante delicado y el pronóstico reservado. No te inmutas, pero reconoces que es un asunto serio. Todavía esperan varios estudios para confirmar otras cuestiones, por lo pronto, empezarán a suministrarte antibióticos en grandes cantidades junto con dosis del tratamiento para ir controlando el virus. Van a mantenerte en observación el resto de la madrugada y, si todo va bien, en la mañana te suben a piso. *¿Piso? ¡Eso es bueno! Tal vez para entonces ya esté fuera de gravedad.* El médico te vuelve a sacar de tus pensamientos y continúa explicando varias cosas sobre lo que deben hacerte, por ejemplo, más placas de tórax, pues las que sacaron sí muestran una gran inflamación pulmonar y por eso también deben programarte una resonancia magnética. Por ahora no queda más que esperar y empezar a suministrar algunos desinflamatorios más potentes. Te pregunta si tienes alguna duda, niegas con la cabeza. El doctor te lanza una sonrisa que parece más una mueca, te da unas palmaditas en la pierna y se retira junto con todo su séquito de internos. *Me van a subir a piso, menos mal. Urgencias es terrible. Supongo que entonces lo que tengo puede controlarse con medicamentos. Seguro que pronto salgo de aquí.* Sonríes y una cálida sensación reconfortante te inunda el pecho.

Al cabo de un rato, entra una enfermera que no es Rocío. Esta se llama Claudia, es joven, quizá un poco más que tú. Es alta y tiene voz dulce. *A Fanny la abdujeron los aliens, ¿o qué?* Claudia te dice que va a suministrarte tu primera dosis de antibióticos. Te pone gel en las manos y te da cuatro pastillas: sulfametoxazol con trimetoprima. Te acerca una botella de agua y las tragas de un jalón. Luego conecta una jeringa al catéter que ya tienes y comienza a introducir vía intravenosa una sustancia color rosa. Posteriormente conecta una serie de soluciones y medicamentos en las bombas de infusión que se irán liberando de manera prolongada durante las siguientes horas. Cuando todo queda listo, te dice que, si sientes alguna molestia o necesitas algo, toques el timbre, ella también está de guardia. Le preguntas si te puedes tapar con las sábanas, pero te dice que no porque quieren evitar que haya un nuevo brote de fiebre, así que es probable que pases el resto de la noche destapado. Te lanza una última sonrisa y se va.

¿Qué se hace cuando tienes tanto tiempo libre en un lugar donde no hay otra cosa que hacer más que esperar y ser paciente? Volteas a la pantalla que monitorea tus signos vitales y a partir de ahí, esos números se convierten en una obsesión. Tu oxigenación está en 92 a pesar de tener el máximo flujo de oxígeno que existe y tu ritmo cardiaco se mantiene en 72. Recuerdas entonces que oíste a uno de los internos decir que debían vigilar que la oxigenación no bajara de 90 y para entretenerte decides monitorear cada cierto tiempo que no baje de ese límite. *Deseo con todas mis fuerzas poder salir de esta.* No habías tenido oportunidad de detenerte a pensar en lo que estaba pasando, fue tan rápido y tan de repente que no alcanzaste a hacer un alto para procesar todo. *¿Cómo es que llegué hasta este punto? ¿Por qué no me di cuenta antes?* Quieres empezar a juzgarte otra vez, pero te detienes y das dos pasos hacia atrás porque eso no va a resolver nada. Las cosas ya pasaron y ocurre lo que tiene que ocurrir.

El sueño se ha ido por completo, te sientes ligeramente alterado, expectante y nervioso. Hace ya un rato que nadie viene a verte y no hay nada que te incomode más que esperar. *¿Te das cuenta de cómo la vida siempre te pone en situaciones donde esperar es estrictamente necesario? Paciencia.* Suspiras resignado. De pronto, casi como un milagro divino, entra un enfermero de ojos grandes y expresivos. Se acerca y te pregunta cómo estás. Quiere que le expliques cómo fue que llegaste a urgencias y comienzas a contarle mientras te acomoda las almohadas y revisa algunas cosas. Notas algo en su mirada mientras hablas, te está prestando mucha atención, pero no solo por educación, también porque sabe quién eres, te ha reconocido y tú te has dado cuenta, pero él, muy profesional, se mantiene en su papel y no rompe el protocolo. Te parece importante decirle que te han quitado el celular y estar incomunicado te da un poco de ansiedad. Él te pregunta si hay alguien a quien quieras llamar. *Sí, a Él.* Asientes. El enfermero echa un vistazo para ver si no hay moros en la costa y cierra un poco la cortina. Saca su celular sigilosamente y te dice que te lo presta para que hagas una llamada breve. Te brillan los ojos y quisieras abrazarlo. Sin duda es un gesto bellísimo. Tomas el celular y marcas. Te sabes su número de memoria porque solo te aprendes los de aquellos que de verdad te importan y Él te importa muchísimo. Teclear el número en la pantalla se siente como oleadas de paz y cuando pegas el auricular a tu oreja, el tono de la llamada calma tu ansiedad mejor que el Diazepam. Y ahí está, su voz del otro lado con ese tono serio que siempre usa al contestar una llamada desconocida. De inmediato te reconoce y notas cómo la voz se le quiebra un poco y casi puedes ver sus ojos llenándose de agua. Lo saludas con el tono aniñado que siempre usas cuando hablas con él. Le dices que estás bien, que ya te empezaron a dar medicamentos y que es probable que te pasen a piso por la mañana. Le aseguras que todo va a estar bien, aunque esa frase todavía tiene signos de interrogación. Él te contesta que sí y un silencio se cuela en la llamada. Lo oyes dar suaves gimoteos. Después de unos segundos te pide que le avises si necesitas algo, aunque él y tus padres ya se han organizado para llevarte artículos de limpieza y aseo personal. También te dice que te llevará un teléfono provisional que compró para que puedas estar comunicado con ellos y eso alivia tu ansiedad por teclear sobre el "espejo negro". Se mandan un beso y se despiden. Te quedas tranquilo. Una paz te invade y de nuevo ese sentimiento de confianza en que todo estará bien nace en tu pecho y estás seguro de que él también se queda más sereno. Todo lo que necesitaba era oírte. Le entregas el teléfono al enfermero y le agradeces, él te sonríe y te dice que vas a estar bien, luego corre la cortina y se va.

Una suave voz te despierta. Es Rocío y trae tu tanda de medicamentos porque ya han pasado cuatro horas. Te quedaste dormido luego de la llamada. Ahora son las seis de la mañana en punto, te reclinas sobre las almohadas y te pasas de un jalón las enormes pastillas de antibiótico. Rocío te dice que es probable que hoy te muevan a piso y que vas muy bien, en toda la noche tu oxigenación no bajó de 90..., aunque tampoco subió mucho, tu pico fue 92. Rocío se muestra optimista y te cuenta que ha habido otros pacientes igual de delicados que tú y han salido adelante, y además estás en el mejor hospital para ese tipo de enfermedades. Quieres mantenerte optimista, no hay tiempo para negatividades.

A esas alturas, el flujo de oxígeno otra vez comienza a resecarte la nariz y la sensación es muy molesta. Rocío te ajusta la temperatura y la humedad del oxígeno para que sea más soportable, y en algo ayuda. No tienes sueño, pero comienzas a tener hambre; sin embargo, no es sino hasta dos horas después que los médicos y enfermeras te dicen que está todo listo para tu traslado a piso. Dos corpulentos camilleros te sujetan con fuerza y te pasan a otra camilla con ruedas, te desconectan del concentrador de oxígeno de alto flujo y te conectan a un tanquecito. El traslado de urgencias a piso comienza. Te sientes como un bebé en carriola. El aire fresco de la mañana mientras cruzan los jardines del hospital se siente como una caricia. Al llegar a otro edificio, dan vuelta a la derecha y entran en un recibidor donde hay elevadores y un montacargas que sirve para subir a los pacientes en camillas. Las puertas se abren y entras junto con dos enfermeras, el médico y los camilleros. Después de subir tres pisos, las puertas se abren, giran hacia la derecha y luego de andar por un largo pasillo llegan al cuarto número dieciséis. Notas que hay otra cama, pero está vacía, y aunque hay una cortina que divide las camas para dar privacidad, no está corrida. Después de algunas maniobras, los camilleros te acomodan en la segunda cama que está cerca de una pequeña ventana por donde puedes ver el cielo y la copa de un alto árbol. *Supongo que me tendré que conformar con esta vista. ¡Lo que daría por estar allá afuera! Cuánto me gustaría estar por ahí caminando por las calles…* Te das cuenta de todo lo que ya no vas a poder hacer, cosas tan cotidianas a las que ya no les prestabas atención.

Los camilleros terminan de colocarte en la nueva cama y las enfermeras te conectan de inmediato el concentrador de oxígeno de alto flujo y enlazan tu catéter a la máquina de bombas que administra los medicamentos. Una vez instalado entra Alma, te dice que será tu enfermera en el turno de la mañana y que más tarde los médicos pasarán a hablar contigo. Te pregunta si tienes hambre y contestas que sí. Ella te acerca una charola y un empaque de unicel envuelto en plástico que contiene tu desayuno. Te acomodas en la cama y lo abres casi con desesperación. Estás mentalizado para encontrarte con algo horrible, aunque es mejor eso que nada. Pero, para tu sorpresa, no está nada mal. Hay huevos revueltos con jamón, frijoles refritos, tortillas, un yogurt griego y un trastecito con fruta picada. *Creo que me podría acostumbrar a esto, no está tan de la chingada como pensé.* Comes como si nunca hubieras probado bocado, el taco de huevo te sabe a cielo y la fruta es como ambrosía traída por los mismos dioses. Quedas satisfecho, así que revisas tu agenda de actividades y ves que en ella se señala que pasarás el resto del día mirando al techo y haciéndote las mismas preguntas habituales, incluyendo aquellas donde te juzgas y culpabilizas. Toda pinta para ser un estupendo día dentro de tu cuarto de hospital.

Alma entra de nuevo y se lleva la basura, te pregunta si necesitas algo y le dices que agua. A los pocos minutos te trae dos botellas que deja en tu mesa de noche y se va. Miras hacia arriba y recuerdas cuando eras niño y cómo te gustaba encontrar caras dibujadas en el techo porque sí las había. Eran trazos involuntarios que se hacían con los brochazos, pero terminaban formando rostros que, con un poco de imaginación, era posible completar. El primero que ves es de un hombre narizón que parece que acaba de probar algo ácido. Luego se cruza una dama elegante con sombrero y a su lado está lo que se asemeja a un perro de dos cabezas. Más arriba, justo a la izquierda, hay algo similar a un monje. *Estoy encontrando muchos, ¿será que los medicamentos me están haciendo ver cosas?* Un poco más a la derecha está una mujer joven de pelo largo cuya melena vuela como movida por el viento. Abajo, cerca de la dama elegante, hay un señor de boina que parece enojado. *Espera, ¿qué es eso ahí, justo en el centro? ¡Y me está viendo! ¿Será?* Un rostro espectral con un par de cuernos te mira fijamente a los ojos y parece burlarse. Un escalofrío te recorre. *El juego acabó.* Apartas la vista y mejor volteas a la ventana. Comienzas a extrañar la libertad de estar allá afuera... El hecho de poder respirar sin ayuda de una máquina. Pero antes de que puedas ponerte melancólico, Alma entra a la habitación con una bolsa de plástico. Te dice sonriente que tus familiares han mandado artículos de aseo personal y además un celular provisional. *¡Gracias al cielo!* Alma te pregunta si te gustaría darte un baño y le dices que sí, pero antes debes ir al baño y eso no se puede, así que ella lo trae hasta ti: un cómodo y un pato. Usar el pato es realmente fácil, pero el cómodo...es un infierno.

Después de experimentar lo incómodo del cómodo, ahora sí estás listo para tu baño. Alma te dice que no puedes desconectarte del concentrador, por lo que tu baño será en "seco". No sabes exactamente cómo será, pero estás dispuesto a descubrirlo. Alma saca de una gaveta varios empaques de plástico que parecen toallitas húmedas, pero no. Al abrirlos extrae un par de guantes y te explica que tienen jabón que después limpiarás con otro par de guantes húmedos sin jabón. Te pregunta si necesitas ayuda, pero bastante dignidad has perdido usando el cómodo y dejando que te limpien el culo, así que prefieres "bañarte" tú. Alma te ayuda a colocarte los guantes y a desvestirte. Cuando quedas desnudo corre la cortina y te deja solo, no sin antes acomodar cerca de tu mesita la crema corporal y las toallitas húmedas para limpiarte el rostro. Notas lo fastidioso que es un baño en seco y extrañas con todas tus fuerzas una regadera.

Luego de una media hora terminas, te pones la crema y estás listo para vestirte. Alma regresa y te ayuda con la bata. Aunque fue incómodo, ahora te sientes fresco y renovado, listo para un agitado día de toma de muestras, radiografías y otros procedimientos, además de cantidades industriales de medicamentos. Y hablando de medicina, ahí viene Alma de nuevo con tus dosis: cuatro pastillas de antibiótico y unas soluciones en jeringa que inyecta por el puerto del catéter. Luego te toma la presión, te checa los signos vitales y la temperatura. Todo está en orden, excepto un pequeño detalle: tu oxigenación no ha subido de 89 desde que llegaste a piso y de nuevo comienza a crecer en ti esa obsesión por siempre estar vigilando los valores de la pantalla. Pero luego le pones un freno a tu ansiedad y recuerdas que solo llevas un día en el hospital y tres dosis de todos tus medicamentos. *Seguramente habrá mejores resultados en pocos días. Tiene que haberlos, debo mejorar.*

Te dejas caer en la almohada y recuerdas que tienes un celular. Debe estar en la bolsa de plástico sobre la silla frente a tu cama, así que tocas el timbre para que Alma venga y luego de varios minutos entra, te pasa la bolsa y sacas el teléfono, le pides que te ayude a conectar el cargador y lo enciendes. Alma se va. Tu FOMO comienza a disminuir de manera notable, aunque en realidad solo quieres poder comunicarte con tu familia, así que lo primero que haces es abrir WhatsApp y ahí ves un solo chat, el familiar que seguramente Él creó para estar todos en contacto. Lo abres y escribes un "hola ☹". De inmediato obtienes respuesta de tu papá:

"¡Hola mijo! Qué bueno que ya tienes teléfono, nos dieron todas tus cosas cuando entraste a urgencias. ¿Cómo te sientes?"

"Bien, supongo. Es raro estar aquí, nunca pensé que me fuera a pasar algo así."

Alguien más se une a la conversación:

"¡Ale! ¿Cómo estás? ¿Qué te han dicho los doctores?" Es tu hermano.

"Pues todavía no mucho. Supongo que ya se enteraron del diagnóstico, parece ser que eso me provocó una infección en los pulmones."

"Sí, ya nos dijo el doctor Canales, es tu médico en jefe, está a cargo de tu caso. No te preocupes, no pasa nada, lo bueno es que ya lo sabemos, no podías seguir sin saberlo." Leer esas palabras te calmó. No fue tan difícil cruzar ese clóset después de todo.

"Sí mijo, no te preocupes. Lo bueno es que ya te empezaron a dar medicamentos para controlar la infección. Vas a estar bien, mijo." Quizá tu padre, más que convencerte a ti, se quiere convencer a sí mismo de que sí vas a estar bien. Alguien más se une a la charla.

"¡Amor! Qué bueno que ya te dieron el teléfono, pensé que se tardarían más. ¿Cómo te sientes?"

"Bien, la comida no está tan mala. Pensé que sería horrible como en las películas." Te ríes. *"Hoy me dieron huevos revueltos con jamón, tortillas, frijoles refritos, una salsita buena y fruta picada."*

"¡Ay, qué bien atendido te tienen!", dice tu hermano.

"Eso es bueno, mijo, que tengas hambre." Alguien más se une al chat.

"¡Hijo! ¿Cómo te sientes?" Es tu madre.

"Bien, conectado a un montón de cables y un dolor de nariz horrendo por el aire. A veces se enfría mucho y me comienza a doler la cabeza y deben ajustar la temperatura, pero ya me acostumbraré."

"Sí, bueno, no es muy cómodo, pero ahorita tus pulmones necesitan recibir esas cantidades de oxígeno."

"Lo sé. Oigan, por favor hagan un grupo con todos mis amigos y gente importante para que estén enterados de mi proceso aquí en el hospital."

"Ok, hijo. De hecho, tus editoras han estado muy pendientes desde ayer que entraste." Dice tu madre y respondes con un emoji de corazón. En ese momento comienzas a escribir una larga lista de nombres para que se incluyan en ese grupo y la envías.

"Debo irme. Ya vienen mis doctores a darme informes de mi estado. Les escribo más tarde."

"Besos, amor. Te amo."

"Ánimo, hermano."

"Te amamos mucho."

"Yo a ustedes."

"Todo saldrá bien." Cierras el chat.

Un grupo de médicos, comandado por el que supones debe ser el doctor Canales, entra a tu habitación. Por fin te van a explicar cómo está el panorama. Se presenta y te presenta al resto del equipo, pero no tienes cabeza para recordar sus nombres. Para ir rompiendo el hielo, te pregunta si ya desayunaste y cómo te sientes. Se nota que lo que está a punto de decirte no son buenas noticias.

"Tienes una neumonía muy severa. Bastante grave. Y es causada por un hongo llamado *Pneumocystis jirovecii.* En un cuerpo saludable o inmunocompetente es inofensivo. De hecho, vive en el árbol respiratorio del ser humano de forma natural, pero en pacientes con tu cuadro específico, ese hongo se activa y causa una infección. Te hemos hecho varios estudios y también tienes una infección por Citomegalovirus, traes un poco de anemia y otros valores un poco fuera de rango. Pero lo que más nos preocupa es lo bajo de tus defensas. Estás prácticamente desprotegido". Tus ojos casi se salen de sus cuencas. No puedes dar crédito.

"Algo bueno de todo esto es que eres deportista, haces ejercicio, comes bien, no fumas ni bebes, y en esas condiciones tu cuerpo ha podido resistir bastante tiempo los estragos de la infección. A veces eso ayuda a retrasar la aparición de síntomas, al menos hasta que ocurra algo que empiece a generar desequilibrios en el sistema. Todavía no tenemos un estimado de todo el daño pulmonar, pero en cuanto lo tengamos, te lo informaremos. Por ahora, hemos empezado a darte antibiótico, cuatro pastillas de alto gramaje cada cuatro horas, nos interesa controlar el hongo primero. También estamos ya tratando el Citomegalovirus y por ahora esperamos que el antibiótico empiece a dar marcha atrás a la infección. Nos interesa mucho que tu oxigenación logre llegar arriba de 90 otra vez y vamos a seguirte haciendo placas de tórax para ver cómo va la inflamación que ya también te estamos controlando con corticosteroides. Vamos a mantenerte en observación una semana esperando ver mejoría, de lo contrario, tendríamos que hablar de otras medidas...". El doctor puede notar que la duda y la incertidumbre te inundan los ojos, quieres saber cuáles son esas otras medidas de las que habla. "Intubación". Hay un silencio. Es casi como una pausa dramática. "Pero no te preocupes, hemos tenido muchos pacientes que con los antibióticos mejoran mucho y no es necesario intubarlos. Y quien lo ha necesitado ha sido solo por tres o cuatro días. Tranquilo, vamos a hacer todo para que puedas estar bien. Ahora solo nos queda esperar. ¿Tienes alguna duda?". *Tengo muchas. Todas. Pero ni siquiera sé qué preguntar ni por dónde empezar.* Niegas con la cabeza y el doctor y su equipo salen.

El resto del día transcurre entre cambios de guardia y visitas de representantes de distintos departamentos médicos: Neumología, Psiquiatría, Psicología y Nutrición. Te preguntan si hay algo que te haga daño o alimentos que prefieres evitar. Por supuesto dijiste que brócolis y carne con pellejo. Alma para entonces ya no estaba. En la tarde entró una enfermera llamada Lydia y ahora en la noche estás con Giovanna. No sabes por qué, pero ella y tú hicieron clic muy rápido. Es muy simpática, atenta y tiene mucha energía. Es sagitario también y por eso entiende el sarcasmo y la ironía a la perfección. Mientras cenas, ella te acompaña, está sentada recargada en la pared cerca de la ventana. La cena no está mal, tortitas de calabaza en salsa de jitomate rellenas de queso panela, tortillas, frijoles, unas guayabas de postre y un juguito de mango.

Ya llegando al postre y después de platicar sobre quién eres y a qué te dedicas, decides preguntarle a ella lo que no te animaste a preguntarle al doctor Canales: si hay posibilidad de mejorar bajo tu cuadro. Ella hace un gesto como diciendo "¿qué clase de pregunta es esa?" y te contesta que sí, que ella ha visto muchos pacientes incluso más graves salir adelante y retomar su vida. Te dice que confíes, que estás en el mejor hospital para ese tipo de enfermedades. "Además, todavía te quedan muchos libros por escribir, incluyendo el que saldrá de todo esto cuando regreses a casa". Sus palabras te reconfortan. *Si ella, que ha visto muchos pacientes, asegura que voy a estar bien, pues le creo, ¿no?*

Terminas tus guayabas en almíbar y Giovanna recoge los restos de basura, te checa la presión y la temperatura. Todo está en orden. Te dice que en un par de horas regresará para tomarte signos vitales y darte la dosis que te toca de medicamentos. Apaga la luz y se va.

Te das cuenta de que por la noche no hay tanto ruido como en el día, pero tampoco es muy tranquilo. De vez en cuando hay pacientes que se quejan, que quieren ir al baño, que llaman a las enfermeras. Puertas que abren y cierran. Sin embargo, es posible descansar un poco más. De pronto oyes una vibración, es tu teléfono bajo la almohada. Hay mensajes de buenas noches en el grupo familiar. Todos te han escrito para desearte que descanses, que seas fuerte y que mejores rápido. Les cuentas a grandes rasgos cómo ha estado tu día y les dices que por la mañana les escribes cuando despiertes. No has querido darles detalles para no alarmarlos, además, seguro los doctores les darán todos los pormenores en el parte médico que dan cada día. Entonces aparece la notificación en la pantalla de otro chat, es un chat privado con Él. Con tu amor.

Te extraño mucho.

"Y yo a ti."

"Hoy que llegué del trabajo y no te vi como siempre esperándome sentado en tu sillón azul, sentí horrible en el pecho. Es muy raro llegar y no verte, más sabiendo en dónde estás."

"Pero estoy seguro de que pronto voy a salir de aquí."

"Yo también estoy seguro de que sí, eres muy fuerte, más de lo que imaginas. Vamos a salir adelante de esto juntos, no estás solo. Aunque estemos lejos, siempre estoy pendiente de ti. He hablado con mi jefa la situación y me ha dado todos los permisos que necesite para faltar o salirme de la oficina si lo necesito, así que no te preocupes, yo estaré ahí de inmediato si es necesario."

"Ya sé que solo ha pasado un día, pero ya extraño la casa, a ti, la rutina..." ☹

"Lo sé, pero ahorita estás en el mejor lugar, porque aquí en casa no había mucho qué hacer y hubiera sido un terrible error que siguieras aquí, no me lo habría perdonado nunca."

"Quizá debimos actuar más rápido..."

"Pues sí, nos confiamos. Aunque creo que los hubiera son lo que menos ayuda en este momento."

"Tal vez no, pero es inevitable no pensar en todo lo que pudimos haber hecho para evitar llegar a este punto. No me quiero juzgar, pero siento que fui irresponsable."

"Ambos lo fuimos y asumo mi parte de responsabilidad en esto al no haber buscado la ayuda adecuada a tiempo, pero ahora quiero enfocar todas mis energías en pensar que vas a estar bien y no quiero que te juzgues. No seas duro contigo, estamos juntos en esto."

"Gracias, te amo."

"Yo a ti, mucho. Ahora descansa. Necesitas dormir un poco. Yo también, desde ayer he estado muy movido. Fui a comprar cosas que necesitabas y lo del teléfono. Vamos a dormir. Te escribo mañana temprano."

"Ok, descansa. Te amo."

"Te amo."

Cierras el chat. Esa charla te inyecta fuerza y te da paz. No está ahí contigo, pero es como si lo hiciera. Abrazas la almohada pensando que es él y seguramente él está haciendo lo mismo pensando que eres tú y sabes que sí. Antes de cerrar los ojos miras al techo y le hablas a alguien, a Dios, al Universo, al Cosmos o a quien sea que esté ahí en el éter y le pides que te ayude a salir de ahí, que todo sea en armonía perfecta para que logres sanar y regresar pronto a casa. Lo pides con todas tus fuerzas y quieres creer que alguien te ha escuchado y trabajará en ello; después de todo, eso es fe, confiar en algo o alguien aunque no puedas verlo.

Te quedas viendo al techo y sin querer tus ojos se estacionan de inmediato en lo que parece una cara con cuernos y sonrisa burlona. La miras sin miedo y, quizá por el efecto de la media luz, parece que comienza a moverse y se carcajea de ti. Quizá ya tienes sueño, quizá son los medicamentos, quizá es una proyección de tu propio ego que se burla de ti o quizá sí hay un demonio atrapado en el techo de tu habitación que te observa. Quizá, quizá, quizá…

***

Han pasado dos días desde que estás en piso. La espera es una agonía y te desalienta. No hay mucho que hacer. Por las noches solo dormitas porque te toman signos vitales y la temperatura cada hora. Nadie puede dormir bajo estas condiciones, además, el paciente de la habitación contigua tiene unos ataques brutales de tos que no son humanos. Y, por si fuera poco, ayer por la noche viste cómo un par de camilleros empujaban el cuerpo de alguien que había fallecido, al parecer un hombre. Lo sabes porque escuchaste a alguien decir la hora del deceso y que avisaran a los familiares. Esas cosas no se olvidan fácilmente y no son esperanzadoras. Lo único bueno sigue siendo la comida. El desayuno son huevos revueltos con casi cualquier cosa, fruta, yogurt y jugo. Ayer en la comida hubo picadillo de res con arroz, y hoy, tinga de pollo. Ya por las noches casi no te da hambre y dejas el plato intacto. En el inter, te han sacado más sangre y te han visitado tus médicos. No ha habido mejoras notables en tu oxigenación y en las últimas placas de tórax que te hicieron notaron que la inflamación pulmonar no cede, así que te practicaron una tomografía para ver con más detalle y encontraron una bula, que es como una especie de hoyo en el pulmón, una burbuja a donde no llega el oxígeno y eso provoca que te cueste trabajo respirar. Además, mide siete centímetros. Por eso te han programado una broncoscopia para mañana, quieren observar el esófago, la laringe, los bronquios y qué tan inflamados están los pulmones.

Entretanto, has tenido mucho, muchísimo tiempo para pensar en ti y la manera en la que has llevado tu vida, lo que has hecho y lo que no, de lo que te arrepientes y de lo que no. Aún te sigue pareciendo increíble que tú estés en una situación así. Tú, tan vital, tan deportista... "tan sano". Y pues no. Te das cuenta de que cuando piensas "eso nunca me va a pasar", lo más probable es que te termine sucediendo. Aplica para lo bueno y lo malo.

Una enfermera entra y te saca de tu ensimismamiento, se llama Rosaura. Es bajita y llenita. Tiene cara de matrioshka: redonda, chapeada, con ojos grandes azules y cristalinos. Es de voz suave, casi todas las enfermeras tienen voz suave, pero no te hablan como si tuvieras cinco años y eso lo agradeces. De repente recuerdas a aquella paciente que tuviste alguna vez en terapia y que trabajaba como enfermera en un hospital público. No paraba de quejarse de lo hipócritas que eran las compañeras entre ellas y cómo había jugadas sucias y golpes bajos para lograr subir de puesto. Pero tú no estás ahí para juzgar a nadie, porque todas han sido, hasta ahora, muy amables contigo. No obstante, empiezas a encontrar entretenido eso de observar y analizar al personal que te atiende, como la responsable de enfermería a quien todos llaman "La Jefa", una mujer alta, delgada, que parece bibliotecaria. Usa lentes redondos y tiene pelo al más puro estilo de Edna Moda. De hecho, la Jefa bien podría ser la hermana alta y flaca de la famosa diseñadora de ropa para superhéroes.

Rosaura dice que va a darte la dosis de medicamentos que te tocan y revisa las bombas dispensadoras. Nota que la solución salina para mantenerte hidratado ya casi se acaba, la cambia y coloca también un bote nuevo de corticosteroides que también estaba vacío. Voltea y te mira dulcemente para recordarte que mañana tienes la broncoscopia. Asientes y, como ya es costumbre, te sugiere que intentes descansar. Apaga las luces y el cuarto queda iluminado solo por la horrible luz blanca del pasillo. Tomas tu celular y relees las conversaciones con tu familia y Él, una y otra vez. Tal vez para sentirlos cerca, para saber que ahí están, del otro lado de la pantalla. Solo sus palabras pueden matar el frío de ese desolador cuarto de hospital y de la ventana de tu corazón.

Son las doce menos cuarto, ya es tarde y en todo el día no has logrado pegar ojo, pero ya te acostumbraste a mal dormir, porque tantos cables, pitidos y el sonido del oxígeno entrando con potencia desde la máquina han hecho que aprendas a ser un animal nocturno. Sin embargo, decides cerrar los ojos y no pensar en nada. Es curioso, pero te emociona la broncoscopia de mañana, quizá porque eso implica salir del cuarto y atravesar los jardines del hospital para ir al otro edificio donde hacen ese tipo de procedimientos. *¡Aire y sol! Cuánto extraño esa sensación.* Y después de ese pensamiento logras, por fin, quedarte dormido.

Tres
duerme

Es temprano. Una vez más, te estuvieron despertando cada hora para tomarte los signos vitales, pero a diferencia de otras veces, lograste quedarte dormido luego del procedimiento, unos cuarenta minutos hasta antes de la siguiente vuelta. Notas que el sol apenas está saliendo y la oscuridad que cubre la mayor parte de la ventana comienza a pintarse de tonos azules y naranjas. *¿Qué hora será? No ha venido nadie.* Y justo en ese momento entra el doctor Canales, sonriente, y te saluda. Te pregunta si estás listo para la broncoscopia y respondes que sí. Te dice que no puedes desayunar porque necesitan que esté el estómago vacío para evitar el reflejo del vómito y que se regrese la comida, pero podrás hacerlo después del procedimiento.

Dos camilleros fornidos entran y te colocan en una camilla con ruedas, te desconectan de la máquina y te conectan a un tanque. Una enfermera mueve las bombas y las saca junto con la camilla para irlas empujando durante todo el trayecto; una vez conectado a los medicamentos ya no pueden desconectarte. Cuando todo está listo, el viaje comienza. Atraviesas un largo pasillo que desemboca en los elevadores y el montacargas y, segundos más tarde, cruzas los jardines y patios del hospital hasta un edificio de color azul donde entras por un costado a otro pasillo largo e iluminado por esa horrible luz blanca. Tu doctor toca una puerta, esta se abre y dentro hay, al menos, ocho personas con todo listo para hacerte la broncoscopia. El médico encargado te saluda mientras te acomodan los cables y el oxígeno y te da indicaciones. Te dice que cuando te pongan la anestesia, cuentes del cien al cero hasta que te quedes dormido.

"No vas a sentir nada, el procedimiento es muy rápido y no deja secuelas. Esto lo hacemos para ver la inflamación pulmonar, los bronquios y otros detalles que los rayos X no muestran". Asientes.

Una vez que todo está listo, el médico te avisa que comenzarán a poner la anestesia y te indica que empieces a contar. *Cien, noventa y nueve, noventa y ocho, noventa y siete, noventa y seis… noventa, ochenta y nueve, ochenta y ocho… setenta y nueve...* Ya comienzas a sentir un leve cosquilleo en el cuerpo, pero aún no te da sueño. *Setenta y cinco, setenta y cuatro, setenta y tres, setenta y dos…* Tus ojos comienzan a sentirse pesados y ya no percibes tus manos ni tus piernas. Tampoco oyes muy bien tu voz y no logras pronunciar correctamente las palabras. *Sesenta y ocho, sesenta y siete, sesenta y seeeeeeiiiii…* Te duermes.

¿Qué es este lugar? ¿En dónde estoy? ¿Por qué siento que tengo algo atorado en la garganta? ¿Me morí? Caminas a través de una nada blanca, un gran vacío infinito en completo silencio donde no hay nada excepto tú. *Esto es muy diferente a lo que me habían dicho que ocurre cuando vas al "otro lado". ¿Y ahora?... Este dolor, ¡qué molesto! ¿Qué es eso?* Frente a ti, a la distancia, alcanzas a ver un resplandor blanco. Tratas de correr hacia ahí, pero avanzas lento, no puedes ir tan rápido como quisieras y entonces te detienes. Oyes una voz, es muy lejana, pero parece que dice tu nombre. La sigues y cada vez la escuchas con más fuerza y de pronto, algo te jala de vuelta. Despiertas. Estás en la habitación donde te dormiste y escuchas la voz del doctor pronunciar tu nombre y

decirte que el procedimiento resultó bastante bien. Poco a poco abres los ojos y recuperas la consciencia. Ya no sientes el dolor del pecho y no hay molestia alguna. Las enfermeras empiezan a preparar todo para llevarte de vuelta a tu cuarto y recuerdas lo que viste mientras estabas dormido. *¿Fue real o estaba soñando? Quizá estaba soñando.* Mientras los camilleros empujan la camilla por los jardines, sientes una sensación en el pecho y en el estómago. Es esa sensación que te da cada vez que presientes que algo no tan bueno puede ocurrir. Pero decides autoengañarte y pensar que tal vez es hambre. Pero no lo es.

***

Hoy es el quinto día que estás en piso. Hace dos días te hicieron la broncoscopia y sigues esperando que alguno de tus médicos te dé noticias de cómo va todo. La comida últimamente no ha estado buena. Por la mañana a alguien se le ocurrió que era una buena idea darte bisteces en salsa roja, no hubo fruta, pero al menos sí hubo juguito de mango y yogurt. La comida fue aún peor: un guisado que traía lo que parecía ser chorizo mal cocinado y papa en salsa verde. Solo comiste la fruta y lo demás lo dejaste casi intacto. Además, tu apetito ha dejado de estar en sus niveles habituales. De hecho, has notado que conforme han pasado los días, tu hambre ha disminuido y te sientes más cansado.

Luego de la comida entra tu enfermera en turno, Sol, para darte tu baño antes de que pasen los médicos a darte el informe de cada día. Después de perder toda la dignidad usando un pato, el cómodo y dejando que manos extrañas te limpien el culo, dejar que alguien más te bañe y toque tu cuerpo te parece lo menos vergonzoso. El baño en seco es algo a lo que no vas a terminar de acostumbrarte, pero la sensación de frescura que te queda después bien vale la incomodidad. Una vez limpio, no te queda más que esperar a que los médicos te visiten y luego de mucho tiempo —no sabes qué hora es, pero notas que la luz que entra por la ventana comienza a menguar— varias personas se juntan en la puerta de la habitación y te observan con esa mirada que nunca sabes cómo interpretar pero que seguro esconde malas noticias. Es muy desagradable.

Tu médico a cargo, el doctor Canales, se acerca y te saluda pero no parece tan animado como en ocasiones anteriores. Te pregunta cómo te sientes, le dices que bien. Te pregunta por la comida y le respondes que no todo ha estado tan mal, pero que extrañas el queso y los boneless. El doctor se ríe. Y está bien que se ría porque a continuación te dice que no todo va bien. La infección en los pulmones va cediendo lentamente porque tus defensas aún son muy bajas y el esfuerzo que haces al respirar sigue siendo demasiado; eso supone un peligro de daño mayor porque no es normal que esfuerces tanto el tórax para respirar. La única opción que les queda para darle oportunidad a los pulmones de descansar es intubarte.

Un escalofrío te recorre el cuerpo. Es fuerte escuchar esa palabra viniendo de un médico. No sabes qué decir. Lo que es, es, y punto. El doctor te explica que la intubación va a permitir que tus pulmones descansen y no se esfuercen por el movimiento tan brusco del tórax y el abdomen. Tienes muchas preguntas y no sabes por dónde empezar, así que comienzas por preguntar si en verdad es necesario, a lo que te contestan con un sí rotundo. Esperaban que el antibiótico resultara más eficaz, pero quieren evitar más daño pulmonar. Vuelves a preguntar si es la última opción y responden que sí. Entonces preguntas si hay más posibilidades de mejorar con la intubación que sin ella y de nuevo la contestación es sí, que hay un setenta por ciento de probabilidades de que todo mejore. *¿Y el otro 30? ¿Qué pasa si caigo en el otro 30?* El médico te explica que muchos pacientes en tus mismas condiciones han logrado salir adelante con éxito de la intubación.

Mientras el doctor sigue hablando, tú dejas de escucharlo y te absorbes en tus pensamientos. Su voz es un sonido sin forma, apagado y lejano que resulta ininteligible. Entonces recuerdas las palabras de una amiga tuya muy querida, María, que lee el tarot y te sacó unas cuantas cartas justo el día que le hablaron a la ambulancia para llevarte al hospital. Su llamada había entrado mientras tu familia contactaba a los servicios de emergencia y le contaste todo lo que estaba pasando. Ella, sin pensarlo, barajeó sus cartas y salió "El Mago". "Es muy claro: te piden que confíes en la ciencia. El mago aquí está rodeado de sus instrumentos de laboratorio, confía en la ciencia. Confía. También salió 'El Caballero de Oros', veo que habrá que seguir un tratamiento con disciplina luego de esto que, a largo plazo, te será muy benéfico. Por ahí se asomó también 'El Colgado', pero es porque estás preocupado y piensas muchas cosas. El colgado aparece cuando enfrentamos situaciones que nos piden soltar el control y en esto me temo que debes soltar y fluir, dejar que otros sean los que se encarguen. También veo que tu pareja, a raíz de esto que va a suceder, quiere algo más en su relación, quizá matrimonio, hijos..., no sé, algo más, pero quiere todo contigo. Como sea, estás rodeado de mucho amor, pero el mensaje más importante es que confíes en la ciencia. Seguiré pendiente de ti, cariño".

Luego de esas últimas palabras que rebotaron en tu cabeza como pelota de basquetbol en un estadio vacío, regresas a la voz de tu doctor que sigue hablando sobre los beneficios y ventajas que tiene la intubación. Entonces lo interrumpes y le dices que sí, que está bien, que aceptas y que te traiga los papeles para firmar. Tu doctor no espera esa reacción tan decidida, lo notas en su mirada, pero sin más que decir te pasa la hoja de consentimiento y te informa que la intubación se llevará a cabo muy temprano en la mañana para dar espacio al ayuno y que el estómago esté vacío. Firmas la hoja y le dices que te gustaría avisarles a tus familiares y en ese momento sacas el teléfono.

"Hola."

"¡Hola, mijo!" Es tu papá. Luego se une tu madre.

"¿Cómo te sientes? ¿Te han dicho algo los doctores?" Luego Él se une a la conversación, seguido de tu hermano.

"Hola, amor, qué gusto leerte. Te extrañamos mucho. ¿Cómo estás?"

"Hola, Ale, sí te extrañamos mucho, pero esperamos que los doctores nos den buenas noticias mañana temprano." Decides que es mejor hacer videollamada. Una vez que todos están conectados, y sin más preámbulos, les dices lo que te han comentado los médicos y que ya has aceptado. La noticia les cae como balde de agua fría. Eso solo les deja ver que el cuadro es aún más grave de lo que se pensaba. Tu madre derrama algunas lágrimas y a Él se le quiebra la voz. Tu hermano te pregunta si es la única alternativa y tu padre tiene cara de no poder creer lo que le dices. Lo entiendes porque sabes que en la mente de las personas la palabra intubación es sinónimo de muerte y porque, en muchos casos, los procesos de intubación se complican y ya no salen del hospital. Caes en cuenta de que tú podrías ser una de esas personas porque existe un treinta por ciento de probabilidad negativa. Sin embargo, y haciendo uso de tu autocontrol, logras sobreponerte a tu miedo y tratas de calmarlos al decirles que estás decidido, confiado, y que es lo mejor que se puede hacer. Tu actitud tan fuerte y tu entereza los calma y obliga a hacer lo único que pueden hacer: resignarse. Entonces les cuentas sobre la tirada de cartas que María te hizo y lo de confiar en la ciencia. No sabes

si eso les da paz, pero no tienen de otra más que aceptar la decisión. Te dicen que todo estará bien, que vas a salir pronto y que mientras estés dormido van a cuidar de ti y van a seguir muy cerca y al pendiente, que no te van a dejar solo. Intentas no llorar, pero se te llenan los ojos de agua. Les dices que la intubación será muy temprano y que los médicos esperan que permanezcas un máximo de cinco o seis días dormido para dar espacio a que tus pulmones se relajen. Tu madre, tu padre, tu hermano y Él te dicen que te aman y que todo saldrá bien, que te ven cuando despiertes. Tu sonríes y les dices que sí, que los verás al volver. Finalizas la videollamada.

***

Es temprano, son las cinco de la mañana. Como de costumbre, no dormiste. Cuando tu médico entra, ya te encuentra despierto y te pregunta si lograste descansar, a lo que contestas con una negativa. Te lleva unos formatos que debes llenar y firmar. Tu nombre un par de veces; un par de firmas. Todo está listo. Luego de un rato entra el anestesiólogo y un equipo de enfermeras, te dicen que van a comenzar con el proceso y te quedarás dormido. *Cien, noventa y nueve, noventa y ocho, noventa y siete, noventa y seis… ochenta y ocho… ochenta y uno… setenta y ocho, setenta y siete…* Y de pronto se apaga la luz.

***

Un gran vacío blanco e infinito se levanta sobre ti. *Ya he estado en este lugar y sigo sin saber qué es. ¿Será que ahora sí me morí?* Caminas sin rumbo y sin dirección hacia algún sitio que esperas encontrar, pero no sabes cuál es y empiezas a pensar en cómo fue que llegaste hasta ahí, es decir, el punto de tener que pasar por una situación así. *Di todo por sentado, es obvio. De pronto sentí que nada de lo que hacía tenía sentido y comencé a aburrirme y a dejar de creer en mí y en lo que hago. Pero ¿cómo llegué hasta ese punto? Supongo que me fui enfrascando en la rutina y me olvidé de lo realmente importante que era vivir. Me parecía cansado tener que hacer lo mismo todo el tiempo, todos los días. Ya no encontraba placer en las actividades ni en las personas. Estaba deprimido, cansado, harto y aburrido. Sentía que me esforzaba mucho por seguir a flote y por tener todas las esferas de mi vida en equilibrio. De repente sentí la necesidad de tener que demostrarle algo a los demás, tal vez para ganar su aprobación, su respeto y validación. ¿Por qué dejé de validarme yo? ¿Por qué de repente me interesó más la validación de los demás? Quería la de todos: mi familia, mis amigos, mis editoras, mi pareja, mis lectores... Y no era suficiente. O quizá la he tenido todo este tiempo y no me he dado cuenta. Pero, aunque así fuera, ¿por qué puse tanta atención en eso? Es como estar pendiente de cuantos likes vas acumulando cada cinco minutos en una publicación de Instagram. Cuando importan más los likes que el contenido, el contenido se vuelve mediocre. ¿Me volví mediocre? Quizá caí en lo ordinario y dejé de esforzarme. O quizá fue mi síndrome del impostor. Una vez en terapia me dijeron que los artistas y todas las personas cuyo trabajo se somete al escrutinio público son susceptibles a tenerlo. Tiempo después descubrí que sí lo tengo, pero aprendí a lidiar con él. Y aún sigo sin saber en qué momento me perdí.*

Sigues caminando y todo es blanco e infinito. Luego de abstraerte en tus pensamientos y tu monólogo interior, regresas al presente y vuelves a hacerte consciente de que caminas sin rumbo en una nada blanca. No estás cansado, pero notas una pequeña incomodidad en el pecho, como si tuvieras algo atorado. No le prestas atención y continúas caminando. Piensas entonces que, si tal vez estás muerto, es prudente pensar en alguna deidad o santo que te guíe al más allá. Recuerdas cómo tu abuela y tu madre constantemente decían que al morir uno debe traer a su mente la imagen de cualquier persona divina o santa para poder continuar. Primero piensas en Dios, claro, pero ese concepto es muy abstracto y grande, así que decides irte por alguien más específico como Buda, pero nadie aparece. Luego Jesucristo y tampoco responde a tu llamado. Pasas por una larga lista de nombres y personajes santos, pero no ocurre nada y comienzas a molestarte. Nada de eso es parecido a lo que habías aprendido sobre "el otro lado" ni a cuando alguien muere.

Mientras lidias con tu molestia por el pésimo servicio post mortem, sigues caminando y de pronto chocas con algo; no hay nada frente a ti, sin embargo, algo obstruye tu camino. El golpe no te ha dolido, pero te ha hecho caer al suelo. Te levantas y con cuidado llevas tu mano al frente para tentar lo que parece ser una pared imperceptible. De repente, algo dentro de esa invisibilidad se mueve y, con cierto temor, te alejas. No logras distinguir qué es. Observando con un poco más de cuidado, notas un aura de brillo sutil alrededor de una figura invisible que no te das cuenta de lo enorme que es hasta que volteas hacia arriba y, alejándote varios pasos hacia atrás, descubres que se trata de una silueta gigantesca. No sabes qué tan grande es ni qué forma tiene, pero ese halo que la rodea se pierde a lo lejos conforme vas subiendo la vista.

Durante una fracción de segundo te asustas y piensas en marcharte, pero ¿a dónde? Todo es un vacío infinito sin izquierda ni derecha. *¿Quién eres? ¿Eres algún tipo de ser espiritual?* Nadie te responde. La invisible figura permanece inmóvil. No hay ruido. Nada. Entonces, un tenue resplandor se produce y ves cómo de ese destello se va formando con partículas de luz una imagen difusa que parece humana pero no tiene el contorno bien definido. Aunque la figura ha cambiado de tamaño, sigue siendo más alta que tú. Quizá unos dos metros. Lo único que hace que no se pierda con el resto de la prístina blancura son los puntos de luz dorados que se mueven en su interior y medio delimitan su humanoide aspecto que está en constante movimiento. ¿Quién eres? ¿Eres Dios? ¿Un ángel? ¿Algún familiar mío que murió antes que yo? La figura te mira. No tiene ojos, pero sabes que te observa y una sensación reconfortante y cálida te envuelve. Notas cierta compasión emanando de aquel ser y te calmas. Todas las preguntas se disuelven en tu mente y dan lugar a una en especial: *¿Estoy muerto?* La figura te ve y sientes de nuevo esa compasión emanando de su luz. Se acerca a ti, te toma del hombro suavemente y te invita a caminar a su lado. No te da tiempo de experimentar miedo porque la sensación cálida de su mano te distrae.

Ambos caminan en esa infinita nada blanca y al cabo de un rato se detienen. La figura levanta su mano en el aire y, como si estuviera recorriendo una cortina, se alcanza a ver una escena del otro lado de ese espacio. La nada blanca ahora es una cortina corrida. La figura te indica con un gesto de cabeza que te acerques y te asomes para echar un vistazo. Luego de dudarlo unos segundos, das unos pasos al frente, asomas la cabeza y ves con sorpresa que se trata de ti en el cuarto del hospital. Estás ahí, acostado, con un tubo metido por la boca que va directo hasta tus pulmones y te mantiene con "vida", porque sin eso dejas de respirar. Tus pulmones están muy cansados para hacer su trabajo solos. Te vuelves hacia el ser de luz que aguarda tras de ti y antes de que puedas preguntarle si eso que ves es real, oyes un "sí" en tu mente. El ser de luz se acerca y, como si se tratara de un espejo, cruza al otro lado, a la habitación donde estás dormido, y te hace un gesto con la mano para que también lo hagas. Una vez del otro lado, te das cuenta de lo raro que es verte a ti mismo acostado y por un momento crees que se trata de un sueño, pero no lo es.

Segundos después entra tu médico, el doctor Canales, junto con su equipo y se acercan a la cama donde está la enfermera en turno aseándote la cara suavemente con toallitas. Te acercas para ver mejor lo que te hace y observas que te está limpiando las incesantes lágrimas que brotan de tus ojos cerrados. *¿Por qué estoy llorando? ¡No me he ido, aquí sigo!* Y te das cuenta de que tu cuerpo llora porque tú lo estás haciendo; no te habías percatado de ello hasta que sientes dos gotas caer sobre el dorso de tu mano derecha.

"Empezó a llorar de la nada", oyes decir a la enfermera, pero al doctor no parece importarle, él quiere ver si ha habido respuesta favorable. "Nada todavía. Pensamos que tal vez sería buena idea pronarlo para quitarle peso a los pulmones", dice uno de los residentes y el doctor Canales asiente resignado. "Vamos a probarlo y veremos cómo responde. Ya van casi cuatro días, tiene que funcionar". *¿Cuatro días? ¡Pero acabo de llegar!* Volteas a ver al ser de luz esperando alguna respuesta. *¿Tanto tiempo ha pasado? ¿Cómo? ¿Y si no mejoro? ¿Y si me quedo aquí? ¿Qué va a pasar con mi familia? ¡No puedo dejarlos, no todavía!* El ser de luz se acerca con su difusa figura hasta ti y te pone una de sus luminosas manos en el hombro para calmarte. Estás muy alterado y de repente la ansiedad se apodera de ti. Muchas dudas y preocupaciones vienen a tu mente y no sabes qué hacer. Tus ojos se nublan y notas una desesperación por querer hacer algo, pero te sientes atrapado en un tanque con agua del que no puedes escapar. Abatido, te dejas caer al suelo y te llevas las manos al rostro.

Lloras y al inicio crees que lo haces por los que amas, pero luego descubres que lloras por ti, crees que te fallaste. El ser de luz siente compasión por ti y se acerca a tu lado; sentir su presencia comienza a calmarte y secas tus lágrimas. *¿Qué sigue ahora? ¿Hacia dónde voy?* La figura se pone de pie y señala hacia el frente con uno de los filamentos de luz que hacen de manos, pero no ves nada. Te incorporas y ves que el ser te extiende otro filamento de luz como si quisiera que lo tomaras de la mano. Quiere que lo acompañes, *pero ¿a dónde? Ni siquiera me has dicho quién eres ni qué es este lugar. Tengo tantas preguntas que parecen ninguna...*

El ser comienza a caminar y te hace un gesto para que lo sigas. Ambos salen de la habitación del hospital de vuelta a la nada. Lo alcanzas. Tienes muchas ganas de encontrar respuesta a tus preguntas, pero no sabes por dónde comenzar, así que decides empezar por: *¿Quién eres?* Voltea a verte. Nota que eres insistente y muy curioso. Se detiene y te mira. Tratas de enfocar tu vista en algún punto de su abstracto y luminoso rostro sin ojos y entonces uno de sus filamentos de luz te señala a la altura del pecho, del lado izquierdo, y luego se señala a sí mismo. *¿Eso qué significa?* Tu confusión es grande. El ser de luz se vuelve hacia la nada y, poco a poco, el fondo blanco inmaculado va cambiando hasta convertirse en un paisaje montañoso, como si fuera una pantalla llenándose con imágenes. Ambos están en medio de una enorme pradera rodeada por montañas. Luego el paisaje cambia y se transforma en una selva, un volcán, el fondo del mar donde te ves rodeado de toda clase de peces y criaturas marinas y, finalmente, el espacio. Ves una galaxia enorme frente a ti, los planetas, soles y estrellas infinitas que destellan en el oscuro fondo sideral.

El ser de luz se vuelve hacia ti y entre sus filamentosas manos aparece una pequeña esfera de luz que comienza a absorber el espacio que te rodea como si se tratara de un vórtice que se alimenta de imágenes y deja poco a poco al descubierto la inmaculada nada blanca inicial. Cuando el blanco infinito queda restaurado, el ser dirige la pequeña bola de luz a la altura de tu corazón y la inserta ahí. Sientes cómo el calor atraviesa tu piel y se va a lo más profundo de tu pecho. De nuevo el ser te señala y se señala. Haces esfuerzos por comprender, pero no tienes idea de lo que ese gesto significa. *¿Por qué estoy pasando por todo esto? ¿Por qué me está pasando a mí?* El ser te mira una vez más y te extiende una mano. Todavía quiere mostrarte más. *¿A dónde?* No quieres dejar tu cuerpo, *¿qué va a pasar si reacciono y no estoy cerca? ¿Cómo voy a despertar si me alejo demasiado?* Entonces las palabras de María vienen a tu cabeza y retumban con fuerza en tu interior: "Confía en la ciencia, confía en la ciencia, confía...". *Pero ¿y si no funciona?* Confía. *¿Y si algo sale mal?* Confía. *¿Y si es el final?* Confía. Te das cuenta de que la respuesta siempre será la misma y que, dada la situación, confiar es la única opción. Miras tu cuerpo, ahí, en la cama que se ha quedado unos metros tras de ti y luego miras al ser unos pasos más adelante, que te sigue esperando para que lo acompañes *¿Me quedo o me voy?* No hay mucho que puedas hacer por ti, estás en las manos de otros y tal vez confiar también signifique aprender a soltarte a ti mismo para dejar que otros se encarguen. La curiosidad por seguir al ser de luz crece en tu interior y, sin darle muchas vueltas, tornas la vista hacia el frente y te alejas cada vez más de esa cama y ese cuerpo en el hospital hasta que pronto desaparecen y no queda nada detrás.

Cuatro
las brujas

No sabes cuánto tiempo llevas caminando al lado de aquel ser de luz que no ha dejado de tomarte la mano. Esos filamentos luminosos son cálidos y suaves, es como tocar una especie de tela tibia y sedosa. No has pronunciado palabra en un buen rato y aunque no sabes cuánto tiempo ha pasado, tampoco sientes que haga falta romper silencio alguno. No obstante, luego de un rato que te parece suficiente, decides preguntar hacia dónde van. Al inicio crees que no has hablado fuerte y claro, así que repites la pregunta, pero no hay respuesta. El luminoso ser solo se limita a voltear a verte como si fueras un niño pequeño para luego regresar la mirada al frente. *¿Me estará ignorando? ¿Y si en realidad me morí y me está llevando a ser juzgado?* Una suave y profunda voz masculina resuena en tu cabeza. "Nadie va a juzgarte. No has venido aquí por eso". Miras a tu alrededor extrañado. No hay nadie más ahí en esa infinita nada blanca pero la voz se escucha diáfana en tu cabeza, como alguien hablándote al oído. La voz regresa, cristalina y nítida. "Aquí estoy, a tu lado". Tardas unos segundos en captarlo y de pronto caes en cuenta de que la voz viene del ser que te lleva de la mano. *¡Entonces sí habla!*, dices en tus adentros y obtienes una nueva respuesta.

"Sí, conozco tu lenguaje, pero ya no necesito hablarlo, basta con pensarlo y aquí tú puedes hacer lo mismo, aunque si lo prefieres podemos pronunciar las palabras."

"Me sentiría más cómodo. ¿A dónde me llevas?"

"¿A dónde quieres ir?"

"No lo sé, creí que tú me guiabas hacia algún sitio."

"Entonces quieres que te guíe."

"Pues… Sí, supongo…"

"De acuerdo. Estaba esperando tu consentimiento."

"¿Consentimiento?"

"Sí. No puedo hacer nada que tú no quieras ni autorices. No es mi trabajo obligarte a nada. Eres libre de elegir, así que esperé a que lo hicieras. No tenemos prisa."

"Entonces ¿me habrías tenido dando vueltas en esta nada infinita hasta que te preguntara?"

"Así es. Tenías que darte cuenta. No puedo presionarte a hacer algo."

"¿Y si no me hubiera dado cuenta, si no te hubiera preguntado?"

"Lo habría preguntado yo, pero lo hiciste y ahora podemos continuar."

"¿A dónde? ¿Qué es este lugar?"

"Es muchas cosas. Para cada mente es diferente. ¿Qué quieres que sea para ti?" Te quedas callado, no sabes qué responder, tu mente es un torbellino de dudas, quieres preguntar todo y nada, quieres obtener respuestas, pero también deseas tranquilidad y entonces la idea de vagar eternamente en esa impoluta quietud comienza a ser más atractiva. Luego decides romper el silencio.

"¿Me morí o estoy en vías de?"

"Todavía no."

"Eso significa que moriré entonces, ¿cierto?" Un vacío se apodera de tu estómago y el pecho comienza a dolerte. La angustia se hace nudo en tu garganta.

"Todo lo que tiene vida muere un día. Yo también morí en algún momento cuando tuve un cuerpo físico, hace mucho." Te aferras a su mano. Te sientes como un niño pequeño asustado.

"Tu caso es curioso." Lo miras con extrañeza.

"¿Cómo es curioso?"

"No puedes volver, al menos no ahora, pero tampoco puedes irte de aquí. Estás en medio. Algo tienes que hacer aquí y después de eso puedes elegir."

"¿Elegir qué?"

"Avanzar a tu siguiente experiencia o continuar con lo que ya tienes. Eso depende de ti." Su respuesta no aclara tu duda por completo, pero al menos te confirma que no has muerto. Sabes que tu cuerpo está vivo porque así lo mantienen las máquinas del hospital.

"¿Y por qué vine aquí?"

"Así lo quisiste tú. Elegiste venir y si tomaste esa opción es porque sabías que debías hacerlo por alguna razón."

"¿Y cuál es esa razón?"

"Eso tendrás que descubrirlo tú. Pero si ya estás aquí, no pierdes nada con averiguar. Como dije, puedes elegir volver o quedarte aquí y saber..."

"Todavía no sé quién eres."

"Eso ya te lo he respondido."

"Ya, pero me temo que no he entendido del todo..."

"Que te baste con saber que somos parte del Todo. Ya lo entenderás en su momento, esa respuesta ahora no es tan importante." Optas por no darle más vueltas y aceptas su respuesta con resignación. Quizá no sea importante averiguar eso y tal vez no sea esa la razón de que estés ahí.

"¿Por qué me pasó esto? Nunca imaginé que pudiera pasarme algo así."

"Eres humano, los humanos enferman, sufren, sienten dolor... mueren. No estás pasando por nada fuera de lo normal." Su respuesta te decepciona. Por un momento imaginaste que tendrías una misión importante que cumplir.

"Voy a reformular la pregunta: ¿Para qué me pasó esto?"

"Veo que comienzas a entender."

"Entonces sí hay una razón."

"Siempre hay una razón para todo. El por qué y el para qué son parte de la existencia. Y estás existiendo aquí y ahora aunque no seas plenamente consciente de eso, pero lo serás."

"Entonces dime el para qué."

"Como te dije, es parte de lo que debes descubrir, yo solo estoy aquí para acompañarte, no es muy común que se queden aquí mucho tiempo. Si te hubiera tocado morir, tu estancia aquí sería breve, pero algo te hizo quedarte y cuando lo resuelvas podrás elegir si continúas o regresas. Ya casi llegamos." Entonces vuelves la vista al frente y a lo lejos comienzas a vislumbrar lo que parece ser una puerta. Te percatas de que, en todo este tiempo, el ser de luz no te ha soltado la mano y un sentimiento de ternura te invade.

"Gracias." El ser se vuelve hacia ti. No parece entenderte.

"Sí, gracias por no soltarme en todo este tiempo." El ser mira tu mano y aunque no tiene ojos ni boca, te da la impresión de que te lanza una sonrisa amigable.

"En ningún momento pensé en soltarte. Es lo que hicieron conmigo la primera vez que morí cuando tuve una vida humana."

"¿O sea que hay más como tú?"

"Muchísimos. Tú, eventualmente, si quieres y está en tu camino evolutivo, darás el mismo servicio a otros. Así funciona."

"¿Y estarás aquí para siempre?"

"No, nada es para siempre. El Universo es un complejo sistema donde hay infinidad de seres cumpliendo diversas tareas, ustedes los humanos son parte de ese sistema. Todos nos movemos y cambiamos de lugar eventualmente."

"¿Y a dónde irás después de esto?"

"No lo sé, tal vez me convierta en una galaxia, en un sol o quizá en algo más avanzado, algún ser creador de vida en otro universo y entonces para otros seres sería una especie de dios, las posibilidades son infinitas."

"Vaya..., será difícil elegir, entonces..." Te invade una sensación de pequeñez, te sientes diminuto. Por un instante tu circunstancia parece nada en comparación con la inmensidad de posibilidades que acabas de escuchar.

"No lo sé, después de esta vida, puede que evolucione en cualquier otra cosa, eso dependerá de lo que esté en mi rama evolutiva, todo en el Universo tiene su propia rama evolutiva. Tú también. Tal vez, después de tu vida humana, te toque estar en mi lugar o tengas otra vida humana, no sabemos. Hemos llegado." Ambos se detienen frente a una puerta de madera tallada incrustada en un colosal muro blanco, inmaculado. Es muy bonita y grande, casi del mismo tamaño que el ser que te acompaña. Esperas alguna instrucción, pero solo hay silencio.

"¿Y ahora?"

"Debes cruzar."

"¿A dónde? ¿Me llevará hacia la luz?"

"No, porque no estás muerto, estás en el medio, pero debes cruzar."

"Pero no tiene perilla, ¿cómo voy a abrirla?"

"No hace falta, solo cruza."

"¿Vendrás conmigo?"

"No por el momento, vine solo a hacerte compañía y guiarte. Pero quizá en algún punto pueda verte de nuevo." Comienza a estresarte eso de saber que muchas cosas dependen de ti, pero disimulas tu exasperación.

"Debes cruzar ya." El enorme ser se pone en cuclillas y se agacha para verte frente a frente de la misma forma que un adulto haría para quedar a la altura de un niño. Suspiras y miras la puerta con decisión. Un nerviosismo comienza a recorrer cada fibra de tu ser, entonces te acercas a la puerta, colocas una mano sobre la madera y, como si fuera agua, la atraviesa. Miras por última vez al ser de luz tras de ti, pero te das cuenta de que ha desaparecido; un escalofrío te recorre el cuerpo. Entonces, en un arranque de valor, te avientas a la puerta y esta te traga. Caes al suelo de bruces y luego de unos segundos te incorporas, te sacudes y hasta ese momento te das cuenta de que no llevas la bata del hospital sino tu ropa con la que ingresaste: pantalones de mezclilla, botines de gamuza color camello y una camisa blanca. Verte con esa ropa te da una ligera sensación de confort, parecida a tener una parte de casa contigo, como los niños que llevan su mantita al kínder.

Al girar la vista al frente miras un largo pasillo. La blancura de hace unos instantes ya no existe, ahora todo está cubierto de un mármol negro con vetas blancas que es iluminado por una luz tenue que proviene de algún lugar, pero no sabes de dónde. El pasillo que parece infinito te inspira temor, pero ya no puedes volver porque la puerta ha desaparecido. Sin pensarlo mucho, decides adentrarte. Ahora solo hay una negrura extraña que parece comerse el pasillo a medida que avanzas. Caminas con cierto sigilo, como si no quisieras que alguien te escuchara. Hay tanto silencio que puedes oír tu corazón latir deprisa pero ya no sientes tanto miedo, solo te mantienes alerta. Sigues. Mientras caminas, una imagen de ti mismo acostado en la cama del hospital viene a tu mente. Una nostalgia crece en ti, es como si te extrañaras a ti mismo y todo eso que no sabes si podrá ser. Te preguntas si tu cuerpo aún sigue vivo o si ya se rindió. *¿Cómo estarán mis padres, mi hermano… Él? ¿Y si no los vuelvo a ver?* Las preguntas te azoran y rebotan en las paredes de tu mente una y otra vez hasta que, luego de un rato de caminar, comienzas a ver una luz al final de ese pasillo y los cuestionamientos cambian. *¿Será esa la luz que dicen al final del túnel? Tal vez sí morí…* No obstante, sigues caminando, esa luz hace crecer tu curiosidad por saber qué hay al final del largo pasillo, así que apresuras el paso. Y entonces llegas al final, donde todo comienza a ser invadido por una densa niebla proveniente del exterior. Te das cuenta de que no queda de otra más que adentrarte en ella. La niebla es espesa y apenas deja pasar la luz que se vuelve grisácea. No sabes en dónde estás. Te da miedo avanzar más porque no puedes ver dónde pisas, con trabajo ves tus manos y no quieres caer en algún sitio y lastimarte, pero luego recuerdas que no estás ocupando tu forma física. Te percatas de que hay suelo todavía. *Quisiera poder ver con más claridad.* Como por arte de magia, la densa niebla de inmediato se dispersa y despeja todo el paisaje dejándote ver con claridad. Estás en la orilla de lo que parece ser un lago, y en el centro de este se erige un imponente árbol de tronco robusto y gruesas ramas que se extienden por el aire creando una especie de techo viviente y que son el hogar de largas hojas color lila que cuelgan como velos vaporosos. La blancura de antes ha desaparecido para dar paso a un fondo en tonos azules. El agua del lago, de un color azul profundo, yace imperturbable, como si estuviera congelada. Comienza a hacer un poco de frío.

Después de unos instantes contemplando el lago y el árbol con gruesas ramas cubiertas de fino musgo y helecho que nace a lo lejos, en el centro de un islote, decides adentrarte en las aguas para nadar hasta ahí. Te quitas los zapatos y antes de desprenderte de la ropa, metes un pie al agua para ver qué tan fría está, pero no logra atravesar la superficie y solo se dibujan tenues ondas que se expanden en el líquido. No sientes humedad alguna. Te tocas el pie para comprobar si se siente mojado y notas que está seco. Tientas con tu mano el agua que no moja, más bien se siente como una masa suave. Vuelves a ponerte los zapatos y decides caminar sobre ella. A medida que avanzas, primero con cautela y luego con más confianza, percibes las ondas que se dibujan en el agua con cada paso que das, pero la tensión superficial sigue sin romperse; eres como un mosquito caminando sobre un enorme charco. Cada vez estás más cerca del islote donde crece imponente el enorme árbol. Sus ramas parecen brazos que cubren varios metros por encima de la superficie del lago; notas que su madera es de un azul cobalto muy intenso y sus hojas y flores de una gama infinita de tonos azules y violetas. Aún hay restos de niebla flotando sobre las apacibles aguas como espías susurrantes que te vigilan. Después de un rato, por fin cruzas el lago y llegas al centro. Ya en tierra firme, observas la enorme y frondosa copa con su follaje que cae y se balancea suavemente con la ligera y casi imperceptible corriente de aire que proviene de alguna parte. Notas que el tronco del árbol es mucho más grueso de lo que se veía a lo lejos; te acercas para tocarlo y verlo más de cerca. La corteza es dura y muy fría. Pegas una oreja esperando oír algo y te sorprendes al escuchar un crujido que proviene del interior y se hace más fuerte al paso de los segundos, como si la madera se rompiera por dentro. Te alejas y, de pronto, del tronco emerge una mano delgada y espectral, con dedos largos cubiertos de madera. Trastabillas y caes. Quieres moverte, pero no puedes, un miedo que nunca habías sentido se apodera de tus huesos. Absorto e impávido, miras cómo del grueso y arrugado tronco comienza a salir otra mano igual de fantasmal. Es como si un cuerpo quisiera abrirse paso entre la corteza para liberarse de su prisión dentro del árbol y escapar. La madera cruje estruendosa y eso te eriza la piel. Entonces, un bulto se asoma de la hendidura por donde han brotado el par de manos y brazos. Trata de abrirse paso con dificultad. Finalmente lo logra. Se trata de un par de cabezas siniestras, sin ojos, formadas de vieja madera rugosa, ramas y raíces. Un fuerte olor a humedad y moho impregna el aire. En los rostros, una grieta maltrecha hace de boca y las dos cabezas te observan. Aunque no tienen ojos, sientes que una mirada malvada te atraviesa por medio de esas cuencas profundas. Las cabezas sonríen y el miedo crece en tu interior. Una vez que las cabezas y un par de brazos están fuera, dos torsos deformes, uno más encorvado que el otro, y que se mueven con dificultad terminan por salir del tronco junto con el otro par de brazos.

Frente a ti está la mitad de los cuerpos de lo que parecen ser dos seres sobrenaturales que están pegados de la cadera como si fueran siameses. No tienen piernas, pero la forma en que los rugosos pliegues del tronco se han formado de manera natural da la ilusión óptica de completar el resto del cuerpo que asemeja un vestido hecho de corteza vieja y teñida del mismo azul que el árbol. La figura es espantosa y entonces te señala con uno de sus huesudos y largos dedos mohosos que parecen tener uñas largas.

Es hasta ese momento que te vuelves más consciente de estar en otro plano de realidad y, según lo que has aprendido, es probable que te cruces con presencias y seres de diferentes planos astrales que a veces buscan obtener algo de otras consciencias para su beneficio.

"¿Qué es lo que quieren de mí?" Tratas de sonar firme, pero la voz te tiembla. No obtienes respuesta.

"Así que es verdad, finalmente te pasó." La voz, femenina pero vieja y rasposa como un susurro de ultratumba, proviene de una de las cabezas.

"Míralo, está asustado." Notas el tono burlón proveniente de la otra cabeza, ligeramente más alta y de cuello más alargado. *Brujas.* Es lo primero que piensas y te das cuenta de que aquellos seres caben perfectamente en la descripción.

"¿Por qué estoy aquí?"

"No te sientas especial, no eres el primero ni el último en pisar este lugar. Eres uno de tantos que está atrapado aquí, buscando cómo volver."

"Entonces ¿puedo volver?"

"Tal vez o tal vez no."

"¿Quiénes son?"

"Somos muchas cosas, pero eres muy tonto para darte cuenta."

"Somos la oscuridad y el miedo. Nos llevas muy dentro de ti."

"Somos el vacío abrumador que te consume y las dudas que te atormentan."

"¿Quién iba a pensar que tú estarías un día en tal situación?"

"Da miedo saber que puedes no regresar, ¿verdad?" Ambas sueltan una risa cargada de malicia y burla.

"Eres una vergüenza."

"Un error."

"No tienes muchas posibilidades."

"Toda tu vida ha sido una farsa."

"¿Por qué me dicen todo esto?" Poco a poco te pones de pie nuevamente. Aunque sientes miedo, una parte de ti tiene el suficiente valor para enfrentar a esas arpías.

"¡Porque es verdad!" Sientes esas palabras como una amenaza intimidante.

"Finges que te importan los demás, pero lo único que siempre te ha importado eres tú."

"¡Eso no es verdad!" Por alguna razón sientes que defenderte es inútil.

"¡Lo es! Y lo sabes."

"Hablemos de Él."

"Sí, de Él."

"Dices amarlo, pero la verdad es que lo único que amas más que nada en el mundo es tu carrera, tu fama y tu reputación."

"Eres un mentiroso."

"El verdadero amor de tu vida eres tú y tus logros…"

"Cuando dices que piensas en Él, sabes que piensas más en ti y siempre en ti."

Por un instante algo dentro de ti quiere sentirse culpable porque sabes que en parte es cierto, te importa mucho tu carrera, tu trabajo y ser alguien. La conciencia te remuerde y parece que las palabras de las viejas brujas, que te atraviesan como dardos en el ego, cobran una fuerza que te abruma.

"Nunca serás quien aspiras a ser."

"Eres un intento fallido de alguien que jamás podrás ser."

"De algo que no sucederá."

"Sabes que tenemos razón."

"Menos ahora que estás marcado de por vida con esa porquería que te recorre por dentro y te ha llevado a dejar de respirar…"

"Un veneno que cada día que pase te matará un poco más…"

Notas que con cada oración y palabra que logran desgarrarte la moral, el cuerpo de las ancianas se vuelve más joven, estilizado e imponente. Aunque siguen siendo de madera, raíces y ramas, ahora tienen una figura más erguida y esbelta. Sus movimientos han dejado de ser torpes para ser más suaves, fluidos y con cierta gracia. Sus voces, antes viejas y roncas, ahora son más aterciopeladas, profundas y aún más siniestras.

"Nunca has sido alguien."

"¡Nunca!"

"¡No eres nadie!"

"Si murieras, al poco tiempo muchos se olvidarían de ti."

"¡Nadie!"

"Te esfuerzas por ser alguien que se quede en la memoria de las personas, pero solo eres uno más."

"Sin embargo, hemos de reconocer que has sido persistente, en eso te damos crédito."

"Pero ¿de qué te ha servido tanta persistencia si estás aquí y quién sabe si vas a volver?"

"Y peor aún, siendo ahora portador de tal vergüenza." Ambas ríen de manera socarrona. Ves tu figura proyectada en el suelo y una sombra parecida a una serpiente que se enrosca sube por tu cuerpo. La risa de las dos brujas provoca un eco estridente y sonoro de fondo. La serpiente alcanza su objetivo, abre la boca y observas sus afilados colmillos que se clavan en el cuello de tu sombra para inyectar su veneno. Te agitas con fuerza sacudiéndote algo que no está ahí realmente y te vuelves a las brujas, colérico.

"Basta... ¡Ya basta!" Un enojo crece dentro de ti. Las dos cabezas voltean a verte amenazantes y parecen avanzar tratando de intimidarte.

"¡Nada de lo que han dicho es verdad!" Quisieras estar más seguro de esa afirmación, pero no puedes mostrarte dudoso.

"¿Estás seguro?"

"Que algo no te guste no significa que no sea verdad."

"Sé lo que hacen. Se alimentan de miedo, ¿no?" Ambas gruñen en señal de desaprobación y chasquean la boca.

"Solo quiero saber qué sigue."

"Saber la verdad siempre tiene un riesgo."

"Y un precio."

"¿Qué precio?"

"El precio de cargar con ella y no poder hacer nada para cambiarla."

"¿Seguro que quieres saber la verdad?"

"¿Estás listo para saber la verdad?"

"¿Me he retractado?"

"Engreído y soberbio." Gruñen con indignación.

"Pueden ocultármela, pero si algo sé, es que la verdad siempre va a encontrar una forma de revelarse."

"¡Bah! Deja tu discurso barato. Tendrás tu verdad…" Las dos mujeres se yerguen aún más. La madera ya no cruje como antes, se ve fresca, y aunque ellas te siguen pareciendo aterradoras, ciertamente poseen más gracia en sus movimientos delicados. El silencio sigue imperante. Esperas que algo salga de su boca, pero no hay nada.

"¿Cuál es esa verdad?" Ninguna responde. Por un instante casi imperceptible notas que la duda las invade.

"No es verdad que sepan todo, ¿cierto?"

"¡Diez años más de vida!"

"¡Sí, solo diez! Eso es lo que tendrás que pagar."

"Diez años para hacer…"

"Para ir y venir…"

"¡Pero solo diez!"

Un escalofrío profundo te recorre el cuerpo, pero disimulas y las miras con extrañeza. No sabes si lo que han dicho es una profecía o algo sacado de la manga. ¿Diez años? ¡Eso no puede ser! Piensas en tus padres, en Él, en tus amigos, en la gente que dejarías atrás. Es como saber el final de una película que querías ver y no te gusta cómo acaba.

"Eso ustedes no pueden decidirlo, no pueden saberlo con exactitud."

"Sabíamos que no estabas listo."

"Es duro a veces conocer la verdad, ¿no es cierto?"

"¡Esa no es la verdad! Me engañan, eso han hecho desde el principio."

"¡Se atreve a llamarnos mentirosas!"

"Démosle una prueba..."

Una de las brujas se mete las manos en el pecho, formado por ramas y musgo, como si quisiera partirse en dos. De su interior salen pequeños gorriones color negro que permanecen revoloteando a su alrededor. Mientras, la otra hermana introduce su propia mano como si quisiera arrancarse el corazón que no tiene y de pronto saca una pequeña bola enmarañada de donde, poco a poco, comienza a formarse una cajita de raíces y ramas. Su mano con afiladas garras se acerca a ti y te la ofrece. Quiere que la abras. Dudas, pero luego de unos segundos tocas la caja. Está fría y huele a humedad, tierra y musgo, igual que las brujas. La abres, pero no ves nada, hay un profundo vacío negro en su interior.

"Aquí no hay nada." Las brujas sueltan una risita burlona.

"En esta caja está la confirmación de la verdad que te niegas a aceptar."

"Y solo uno de ellos la podrá encontrar."

Ves cómo la parvada de pajaritos negros de inmediato se arremolina sobre la caja y entra en la negrura infinita, como si esta fuera una aspiradora que los devora a gran velocidad.

Cuando el último pájaro entra y se deja de oír el sonido de los aleteos, te asomas de nuevo a la caja, pero no ves nada otra vez. Casi al instante, sale la parvada disparada y apenas tienes tiempo de hacerte hacia atrás para que ninguno choque con tu rostro. Notas cómo las aves, en cuanto emergen, se desintegran en forma de pequeñas plumas negras que caen ligeras sobre ti, como confetti. Pero de pronto, un piar se escucha desde dentro de la caja y es cuando sale el último pájaro. Lleva algo en su pico y es el único que no se desintegra al salir. Se acerca revoloteando a ti y se posa en tus manos para entregarte lo que lleva, luego regresa al interior del pecho de la bruja a tu izquierda y este se le cierra de nuevo como enredadera. La otra bruja destruye la pequeña caja al cerrar con fuerza su mano. Ambas te miran. Te das cuenta de que es una pequeña hoja seca en forma de cánula. Con cuidado la tomas y la vas desenrollando despacio para no romperla, hasta que al fin ves unas letras escritas que rezan lo siguiente:

TENDRÁ DOS HIJOS, UNO DE ELLOS
LOGRARÁ GRANDES COSAS
PERO MORIRÁ JOVEN.

"¿De quién hablan? Yo no tengo hijos." Ambas ríen con sorna.

"Adivina cuál podrías ser tú…" El afilado dedo de la bruja se alza apuntando detrás de ti y entonces la ves de nuevo. Es la cama de hospital en medio del agua, sobre ella está tu cuerpo conectado a un montón de aparatos. Por la boca te sale un tubo que desemboca en otro más que se bifurca y se articula a una máquina que te hace respirar. Te acercas a la cama. Verte así te provoca un nudo en el estómago y algo se arruga en el interior de tu pecho. *Pero esto es temporal, no va a durar siempre.* Las brujas, que parecen leerte la mente, escuchan y se ríen pero no les haces caso. Te acaricias el pelo suavemente y ves una lágrima resbalando tímidamente por tu mejilla derecha; otra y otra más. Te aterra la idea de lo que con tanta seguridad y frialdad te han dicho. Con el dorso de la mano te limpias las lágrimas y ves a tu alrededor. Ya no está el pasillo por donde llegaste a ese lugar, ahora todo es agua hasta donde alcanza tu vista, y allá, a lo lejos, ves algo que resplandece. Parece un brillo, un aura que se mueve. Es como una estela de luz que ilumina el horizonte de la pulcra blancura infinita. La luz no se acerca, permanece ahí, en la lejanía, pero verla te da una extraña sensación de bienestar y alivio. Por un momento te preguntas qué es, pero te olvidas de ese cuestionamiento cuando notas que el miedo y la angustia que sentías hace apenas unos segundos se han ido. Una extraña sensación de confianza crece en ti y entonces sientes valor. Decidido, te vuelves hacia las brujas que, al parecer, no pueden ver lo que tú ves. Tu cuerpo y la cama de hospital desaparecen; con suma calma, y mucha seguridad, pronuncias:

"No acepto su verdad, no la quiero." Las arpías truenan la boca al unísono. No les gusta tu respuesta.

"Haz lo que quieras, nos pediste la verdad y te la hemos dado."

"Ahora deseas no haberla sabido nunca, apuesto a que sí."

"Pero no me han dicho de quién son esos hijos." Ambas fruncen el ceño. Siguen sin sentir agrado por tus respuestas.

"Ahora seguro piensas que hay verdades que es mejor no saber."

"Y en ocultar verdades tú eres experto."

"Me temo que aquí las únicas expertas en algo son ustedes y es mintiendo. Se requiere mucha práctica para dominar el arte de la mentira, ¿no es así?"

"¿Te crees muy listo, insolente barbaján?" El tono de su voz es aún más intimidante y otro escalofrío te recorre de la cabeza a los pies, pero no flaqueas.

"¡Nos desafías!" Gruñe la otra con voz grave.

"Mienten y lo saben."

"Solo un mentiroso puede identificar a otro."

"Entonces sí mienten. Además, para mentir hay que inventar una historia falsa sobre un hecho real. Tergiversar las cosas. No he sido yo quien ha venido aquí a contarles historias, eso lo han hecho ustedes." Comienzas a notar cómo poco a poco las brujas empiezan a perder los estribos. "Me han engañado contándome cosas sobre hechos que han retorcido a su conveniencia porque, como descubrí, se alimentan del miedo. Y mientras yo tenga miedo, las mantengo con vida."

"¡Ya cállate!" Gritan ambas sucumbidas ante la furia, haciendo que se estremezca la copa del árbol.

"¡Nadie vendrá a rescatarte, nadie!"

"¡No podrás volver!"

"Aunque hubiera forma, jamás podrías."

"No eres suficiente."

"¡Estás condenado!" Esa última palabra resuena como un eco escalofriante por todo el lugar. El esfuerzo que ha hecho una de las brujas para gritar con toda la ira y rencor en su interior ha cuarteado la base del tronco del árbol y una gran grieta comienza a abrirse.

Te das cuenta de que las dos brujas, quienes en algún punto de la charla llegaron a rejuvenecer y verse estilizadas, ahora empiezan a verse de nuevo como las dos ancianas diabólicas del inicio que brotaron del grueso tronco. Ambas se quejan y jadean furiosas. Están en un berrinche, muy típico de quienes no saben perder o han sido descubiertos. Se rehúsan a dejarte ganar.

Parecía que te tenían acorralado, pero nunca pudieron prever que les darías un revés. Mientras las viejas hermanas siguen sumidas en su enojo, tú te ensimismas en tus pensamientos y la idea de vivir otros diez años por un instante se posa de nuevo en tu mente. *Conque solo diez años, ¿eh?* Tu vida pasa frente a tus ojos. Te das media vuelta y te acercas a la orilla del lago. Sobre el agua se dibujan los pasajes de esa vida que podría no ser tuya, que tal vez no te va a dar tiempo de vivir y ves a todos los que vas a dejar atrás. La tristeza quiere colarse por los huecos que abre tu imaginación, pero casi al instante cierras esa puerta mental y regresas a ti. Das la vuelta y ves a las brujas: han dejado de bufar pero jadean exhaustas y siguen furiosas. Están avejentadas, demacradas y deformes. Son un montón de viejas ramas azules y corteza mohosa y podrida. Entonces lo ves con claridad: ellas son un reflejo de esa parte oscura que habita en ti y quizá la respuesta no es poner resistencia.

"Les propongo un trato", dices con autoridad. Como animales de rapiña se acercan amenazantes. Te rodean con sus raíces que apuntan hacia ti como flechas a punto de ser disparadas.

"¡Habla de una vez!" Insisten exasperadas.

"Aseguran que no hay posibilidad alguna de que yo vuelva. Pero eso ustedes y yo no lo sabemos. Todo lo que sabemos es que, aunque no estoy allá, tampoco estoy en el sitio a donde se supone que va todo el mundo cuando muere porque no estoy muerto..."

"Por ahora..." Lanzas una mirada inquisidora para que no te interrumpan.

"... Estoy aquí y por alguna razón he venido. Algo tengo que hacer aquí..."

"¡El trato!"

"¡Dinos el maldito trato!" Su desesperación mezclada con ira las vuelve aún más escalofriantes. Suspiras exasperado.

"Si yo descubro lo que vine a hacer aquí, lo hago y vuelvo, viviré una vida tan larga como esté destinada a ser, respetando el curso natural de las cosas y sin ninguna profecía que interfiera. Pero si por la razón que sea no vuelvo, no cumplo mi misión o no logro encontrar el propósito de estar aquí, al finalizar esos diez años voluntariamente vendré ante ustedes para quedarme aquí y que puedan alimentarse de mis miedos y reproducirlos en mi cabeza... una y otra vez... hasta el fin de los tiempos." Silencio. Las siamesas te miran con esas cuencas vacías y negras que parecen penetrar rincones de tu alma que ni tú conoces. Una sonrisa macabra se dibuja en sus podridos y espectrales rostros.

"Pareces muy seguro, forastero."

"No tanto como ustedes al asegurar cosas que no saben si van a pasar."

"¡No tienes idea de lo que te espera!"

"¡Intenta todo lo que quieras, pero nos volveremos a ver!"

Una vibración a lo lejos cimbra el lugar. Te vuelves hacia el lago y ves una onda expansiva de luz acercándose a toda velocidad; detrás otra y luego otra más. Las ondas golpean a las viejas brujas y las repliega al grueso tronco del árbol donde comienzan a fundirse mientras gritan desesperadas, como si las estuvieran quemando. Después de unos momentos, las ondas cesan y todo vuelve a la quietud y el profundo silencio. Ves el enorme tronco azul frente a ti y te percatas de que las arrugas y pliegues de la corteza se asemejan a los diabólicos rostros de las brujas, como si hubieran quedado grabados en la madera. Sus ojos sin fondo aún te observan como si fueran a abalanzarse sobre ti en cualquier momento, pero ahora solo son madera vieja. Un crujido se escucha de nuevo en el interior, como si se rompiera, y de repente el macizo tronco comienza a partirse por la mitad separando los rostros grabados como tatuajes; tal vez sea la única vez que van a estar separadas. Al tiempo que la madera se abre y las raíces en su interior la empujan hacia los lados, se va formando un hueco lo suficientemente grande y alto como para que puedas pasar a través de él. No puedes ver lo que hay del otro lado. De nuevo te enfrentas al vacío oscuro y su incertidumbre. Te vuelves hacia el lago una vez más: todavía vislumbras ese halo de luz que se mueve y resplandece a lo lejos. Por un momento crees que allá, del otro lado de donde proviene ese resplandor, hay un montón de gente que quizá conoces y te conoce, crees ver las diminutas siluetas, pero cierras los ojos y dejas de alimentar el fértil terreno que es tu imaginación. Miras de nuevo el hueco que se ha abierto en el tronco y observas a cada lado el rostro de ambas brujas. Ahora parece que flanquean esa entrada y con su mirada vacía te retan a entrar. Suspiras y, sin pensarlo mucho, dejas que la oscuridad te absorba. Lo último que escuchas es el sonido de la madera que cruje y se cierra de nuevo tras de ti.

Cinco
el niño

Cuando el crujir de la madera cesa, da paso a un silencio absoluto. No hay nada que perturbe aquella profunda quietud excepto el eco de tu respiración. Intentas abrir los ojos, pero hay mucha luz y no logras distinguir ninguna forma de lo que te rodea. Te das cuenta de que yaces sobre lo que tiene la apariencia de ser hierba. Huele a tierra mojada y el pasto que sienten tus manos está húmedo, producto del rocío. Te incorporas despacio, te tallas los ojos y empiezas a ver con más claridad. Estás en medio de un pequeño claro en lo que parece ser un bosque espeso. Oyes agua a lo lejos, te levantas y notas que más abajo hay un río. Te vuelves y ahí, sobre una pendiente, ves en lo alto una cabaña de piedra y madera. Un humo blanco brota tímido por el pequeño chacuaco que se asoma en el tejado. Supones que hay una chimenea y que debe haber alguien ahí. Miras a tu alrededor, pero no hay nadie. Te sacudes la hierba, los restos de pasto y algunos cardos que se quedaron pegados en tu ropa que ahora está un poco húmeda, así que decides ir hacia la cabaña para resguardarte del frío. Notas que aún es temprano.

Mientras avanzas, te percatas de que es la primera vez que no hay una nada blanca pulcra e infinita rodeándolo todo. Al tiempo que te acercas al caminito con escaleras de piedra que conducen a la entrada de la cabaña, algo en ese lugar te parece familiar y tienes una vaga sensación de haber estado ahí antes, pero el sentimiento se difumina rápidamente. Sigues caminando. Hace frío, está mayormente nublado y huele a humedad. Te preguntas qué época del año será. Primero piensas que es invierno, pero luego observas que los árboles lucen un follaje verdoso que comienza a mezclarse con los colores ocres y anaranjados de las hojas secas. *Otoño.* Llegas a la puerta de la cabaña. Estabas tan absorto pensando en los árboles y la estación del año que no te diste cuenta de cuando terminaste de subir la escalinata de piedra. Das un par de golpecitos con el picaporte de madera vieja y hierro oxidado, pero nadie responde. Te asomas por la ventana del lado derecho y no notas presencia alguna dentro. La chimenea está encendida, el fuego baila incesante sobre los trozos de leña. Te asomas por la otra ventana, del lado izquierdo, y ves la cocina, impecable, como si la acabaran de limpiar. *Parece que no hay nadie.* Tomas la chapa de la puerta y le das vuelta. Abres sin ningún esfuerzo y el cálido ambiente del interior te abraza. Sigiloso, entras y cierras la puerta. Ves un par de pantuflas muy afelpadas y sin pensarlo te quitas los zapatos. Una sensación muy reconfortante te invade de pies a cabeza cuando sientes la suavidad del peluche en tus pies. Ese bienestar se hace más intenso cuando detectas un delicado olor a canela, jengibre y cardamomo. Como una abeja a la miel, eres guiado por el delicioso aroma hasta la cocina y ves sobre la mesa del antecomedor redondo una charola de latón muy bonita con un montículo de pequeños panqués. *Con razón huele tan bien. Pero ¿quién los dejó aquí?* Te acercas a la mesa y, después de dudarlo un instante, tomas uno. Aún está tibio y huele mucho mejor de cerca. Le das una mordida y saboreas la suave masa llenándote la boca con su dulce sabor. Sientes cada especia, cada ingrediente. Es como si tu sentido del gusto se hubiera agudizado. De pronto, algo te saca de la experiencia degustativa. Una pequeña sombra atraviesa la estancia de la sala y, aunque no sientes miedo, sí experimentas una gran curiosidad.

Sales de la cocina y revisas la estancia. La sala sigue vacía. Entonces giras un poco la vista más al fondo y notas unas escaleras que bajan justo a la altura del comedor de madera y pesadas sillas talladas del mismo material. Antes de descender por las angostas escaleras, te detienes un momento para observar el lugar. En las paredes hay cuadros y fotografías en blanco y negro de gente que no conoces. En la mesa de centro de la sala hay muchas figuritas, adornos de porcelana y un jarrón alto con un trío de tulipanes. Sobre la repisa de la chimenea hay libros y en la pared que queda enfrente, un gran librero con miles de títulos. Durante un instante no dudas en suponer que ahí tal vez habite una persona ya mayor que vive sola.

Te acercas al bonito comedor de madera para seis personas que luce al centro un lindo adorno de esferas doradas de diferentes tamaños. El comedor da a un ventanal con una pequeña terraza desde donde se puede apreciar una porción de bosque y se escucha el río que corre, pero decides no abrir la ventana para no dejar escapar el reconfortante calor que hay ahí dentro. Mientras te acercas a la escalera, que baja a la especie de sótano, observas con curiosidad los cuadros de las paredes con flores, bodegones y garabatos multicolores. Te detienes frente a uno que llama tu atención: en la pintura hay un muchacho de espaldas que mira de perfil hacia su lado derecho y te da la impresión de parecerse mucho a ti. Por la posición en la que está pintado, parece como si llevara a alguien más pequeño de la mano pero no hay nadie junto a él. *Curioso.*

Un golpe seco proveniente del sótano te distrae y por primera vez sientes un poco de temor, pero no desistes de tu idea de bajar. Respiras profundo para tomar valor y desciendes lo más silencioso posible como si fueras un gato. Conforme avanzas, notas una luz cálida que ilumina una habitación pequeña pero muy acogedora. La cama está prolijamente hecha y las sábanas y el edredón tan acolchados y almidonados te invitan a recostarte un momento. Entonces ves una muda de ropa doblada de manera perfecta del lado derecho de la cama. Te acercas y la tomas. Es una pijama de franela bastante suave. De inmediato te desvistes y te pones la ropa limpia, seca y calientita. Es tan suave que es como si abrazara tu cuerpo y entonces, sin más, te tiras en la cama. *No me importaría quedarme aquí para siempre.* Ves el techo y las vigas de madera sin pensar en nada, solo te concentras en entregarte a esa sensación tan reconfortante. Pero un nuevo ruido, de algo que se cae de manera estrepitosa, te saca de tu quietud y, aunque no te altera, sí te pone alerta. Levantas un poco la cabeza y fugazmente ves a alguien que se asoma por la puerta de la habitación contigua y se esconde deprisa. Te incorporas y permaneces observando unos segundos para confirmar si lo que has visto es producto de tu imaginación o si ha sido real. De nuevo un pequeño rostro se asoma. *¿Será un duende?* Por alguna extraña razón te parece lógico. Así que te levantas de la cama y te diriges a la otra habitación. Avanzas con mucho cuidado para no espantar a quien sea que esté ahí y cuando entras lo ves. No es un duende. Es un niño, uno que conoces muy bien. El pequeño te observa sorprendido, sus ojos se comienzan a llenar de agua como si lo hubieras descubierto robando algo y rápido esconde detrás de sí lo que sostiene en las manos.

Mientras el niño te mira expectante y aún con los ojos llorosos, echas un vistazo a la habitación que es más pequeña, como un estudio. En medio tiene un escritorio alto, parecido a un restirador donde los arquitectos suelen extender los planos de sus obras. Las paredes lucen libreros que parecieran estar ordenados por colores, la mayoría entre blanco, gris, café y negro. La luz entra por una pequeña ventana que da al claro y desde donde se puede ver quién se acerca caminando. Una vez que reconoces el lugar, una fuerte sensación familiar regresa a ti y pones tu atención en el niño frente a ti, quien no te ha quitado la mirada de encima. Lo observas y entonces lo reconoces. Eres tú. No tienes más de cinco o seis años. Esos cachetes chapeados, el pelo cortado a la *príncipe valiente* y esos ojos de rayita sin duda son característicos del niño que fuiste. No sabes si él te ha reconocido también, pero intuyes que no. Entonces esbozas una sonrisa gentil y te acercas a él, te pones en cuclillas, le limpias las lágrimas con los pulgares y luego notas que lo que provocó los golpes que oíste antes no eran más que viejas películas en formato VHS que el pequeño "tú" tiró del librero intentando alcanzarlas. Te acercas a la estantería para ver qué otras películas hay y de nuevo esa sensación de haber estado ahí te invade. *Blanca Nieves, La Bella y la Bestia, La bella durmiente, Bernardo y Bianca, Los Aristogatos*... Toda la colección de los clásicos de Disney está ahí, cintas que amabas ver una y otra vez. Y el recuerdo por fin viene a tu mente. El rostro de una mujer mayor, dulce y de sonrisa amable, parecida a la abuela Yetta de *La Niñera*, pero un poco más joven, viene a tu mente como una fotografía nítida. *La tía Chelo.* Su nombre era Consuelo, pero de cariño le decían Chelo. Era media hermana de tu abuela paterna, o sea, media tía de tu papá. Técnicamente eso la convertía en tu media tía abuela, pero para fines prácticos, a ti toda la vida te dijeron que era "la tía Chelo" y, aunque eras muy pequeño, recuerdas lo mucho que te gustaba ir a su cabaña en el bosque porque tenía todas las películas animadas que te gustaban. En cada visita te dejaba escoger una a cambio de la película anterior siempre y cuando estuviera el empaque en perfecto estado, porque ella era gran fan de todos esos clásicos animados y era la colección de películas más cuidada que jamás habías visto. Era como un Blockbuster, pero sin tener que pagar.

Después de que todo el recuerdo terminó de dibujarse en tu mente como la escena de una vieja película, volteas la mirada hacia el pequeño niño que aún te ve. Tiene el dedo índice en la boca y juguetea con él mientras observa las películas que tienes en la mano. *Qué tierno es.* Le muestras ambas y dejas que escoja una. Su pequeña mano señala *Blanca Nieves y los siete enanos. Siempre fue mi favorita también.* Acomodas las demás en su lugar de manera ordenada y le pides al niño que te dé la mano. Ambos salen del estudio y suben las escaleras para ir a la sala, donde hay un viejo televisor con una videocasetera. Sientas al niño en el cómodo sofá, te acuerdas de los panqueques que están en la cocina y los llevas a la mesita de centro de la sala. Tomas uno y lo animas a que también pruebe. Extrañamente, siguen calientitos y oliendo como recién horneados. El niño da una mordida y sonríe. Te vuelves al televisor, lo enciendes, metes la película en la videocasetera y empieza a correr.

Mientras los créditos del inicio aparecen, notas el cuadro que está colgado en la pared del comedor sobre el trinchador de madera y ves la figura de ese chico que es muy parecido a ti; piensas si hay algo que tengas que hacer ahí con esa versión tuya del pasado.

"Había una vez una encantadora princesita llamada Blancanieves. Su madrastra, la reina, que era vanidosa y perversa, temía que Blanca Nieves la superara en belleza y por esa razón la vestía con andrajos y la obligaba a trabajar como sirvienta. Todos los días, la vanidosa reina le preguntaba a su espejo mágico: 'Dime, espejo, ¿quién es la más hermosa

de todas?' Y al contestarle el espejo '¡Tú, reina mía, eres la más bella!', liberaba a Blanca Nieves de los crueles celos de la reina…"

¿Liberar? Liberar.

Pones pausa a la película y te vuelves hacia el tú pequeño. Lo miras, pero no sabes muy bien qué decirle y él te ve con cierta confusión. Luego de un momento en silencio caes en cuenta de que quizá debas liberarte a ti al liberarlo a él. *Pero ¿cómo?* Lo tomas de las manos y comienzas.

"Tal vez no sepas quién soy, pero yo sí sé quién eres tú. Te conozco mejor de lo que crees porque juntos hemos pasado muchas cosas y me alegra haberte encontrado. Me gustaba mucho venir aquí cuando tenía tu edad. Siempre olía a bosque y bizcochos recién horneados. Y amaba venir a escoger películas una y otra vez aunque ya las hubiera visto." El niño te sonríe, está prestando atención. "Para serte sincero, no sé por qué estoy aquí. Actualmente las cosas conmigo están un poco delicadas. Y tampoco sé si esto es real o no, pero ya estoy aquí y creo que hay algunas cosas que debo decirte…" Haces una pausa y suspiras. "Primero, me gustaría empezar diciendo lo siento. Lo siento por todo el tiempo que no he estado contigo, que te he abandonado, pero no ha sido a propósito. La vida a veces puede complicarse un poco y ahora mismo yo no sé si esté a punto de perderla o recuperarla, pero sé que debí haberte buscado antes. Y a pesar de saber cómo, siempre lo dejé pasar por creer que había algo más importante o urgente que tú y me doy cuenta de que me equivoqué…" Por un instante sientes vergüenza, como si le hubieras fallado a propósito. "Lo siento por todas las veces que experimentaste miedo y no estuve ahí, por las ocasiones en las que tuviste que actuar solo y defenderte sin que nadie acudiera a rescatarte. Lamento muchas cosas por las que has pasado y que no has sabido manejar porque no eran tu responsabilidad." Sientes tus ojos llenos de agua. Comienzas a sentir las lágrimas caer por tus mejillas y lloras para no inundarte. El pequeño tú te observa y con sus manos intenta secar tus lágrimas. Sonríes. "Me alegra mucho finalmente poder decirte esto. Creí que sería más difícil." Te limpias la nariz con el dorso de la mano y secas las lágrimas que quedaron a medio camino.

"Comprendo que también he venido a liberarte de todo eso que ya no tienes que cargar, de las dudas, miedos, inseguridades y tristeza que no son tuyas. Y te ofrezco una disculpa por todas las veces que hubo personas que te obligaron a hacerte cargo de situaciones que no tenías por qué saber. Tampoco tienes que seguir buscando a alguien que te cuide, te ame y se preocupe por ti, porque yo ahora me voy a encargar. Dame la oportunidad de hacer todo eso por ti. A mi lado nada ni nadie podrá lastimarte de nuevo. Jamás te pondré en una situación de peligro y mucho menos te haré sentir miedo. Quiero cuidarte como siempre lo has merecido, ¿me dejas?" El pequeño asiente y sonríe de nuevo.

"Ya entendí que era a mí a quien buscabas, y yo tontamente creí que eran otros los que debían rescatarnos. Pero ya no, ya estoy aquí. Quiero que, de aquí en adelante, tu único trabajo sea ser feliz porque yo me haré cargo de todo lo demás para que jamás vuelvas a sentir que estás solo. Prometo nunca volver a dejarte." Súbitamente, el niño se abalanza sobre ti y te abraza. Reconoces que es el abrazo que llevabas mucho tiempo esperando darte a ti mismo. Y, como si fuera magia, no hubo preocupación que te perturbara.

"Yo confío en ti, sé que vamos a estar bien." Tu mirada se torna cristalina una vez más pero no se derrama una sola lágrima. Te sientes orgulloso.

Entonces la figura del niño comienza a desintegrarse en miles de partículas de luz que se arremolinan frente a ti y entran en tu pecho como una ráfaga que te atraviesa. No hay dolor, solo una embriagante paz. Cuando entra la última partícula, abres los ojos y tu mirada se fija de manera automática en el cuadro donde apareces tú y ahora, también la figura del pequeño niño que fuiste. Ambos parecen caminar hasta perderse en el paisaje del cuadro. Te recuestas sobre el sofá y suspiras. Nada te preocupa en ese momento, ni las brujas y sus profecías, ni siquiera tu cuerpo en la cama de hospital. Quieres quedarte experimentando esa sensación para siempre y permaneces ahí, con Blanca Nieves cantándote en el fondo, como si te estuviera arrullando con una hermosa canción de cuna.

Seis
los futuros

Una sensación cálida recorre tu rostro y te despierta. Te toma unos instantes desperezarte y volver en ti. Cuando lo haces, abres los ojos y muy despacio te das cuenta de que ya no estás en la cabaña frente a la chimenea. Has vuelto a la inmaculada y pulcra nada inicial. *Otra vez aquí…* Yaces sobre el regazo de algo que te es familiar. Vuelves la vista hacia arriba y ves de nuevo ese rostro infinito sin cara y tupido de miles de puntos luminiscentes que, sabes, también te observa. Te incorporas despacio y miras a tu alrededor para asegurarte de que, en efecto, la cabaña ha desaparecido, son solo tú y el ser de luz sentados en medio de la nada y el silencio absoluto. Entonces el enorme ser se pone de pie y te extiende su etéreo brazo para ayudar a incorporarte. ¿Y ahora qué sigue?

"Ven, debemos continuar."

"¿A dónde?"

"Adonde debas ir."

"¿Y cómo sabré?"

"Lo sabrás." El ser suena muy seguro. "Mientras dormías, pude ver en tu mente las dudas que te acechan acerca de la posibilidad de no volver. Imaginas constantemente lo que pasaría después de ti. Cosas que podrían o no suceder. Futuros que has visitado una y otra vez."

"Pienso tantas cosas, pero ninguna me da la respuesta de saber a dónde ir o qué hacer aquí."

"Debes seguir buscando. Es normal que sientas curiosidad por saber cómo sería la vida sin ti, ustedes los humanos no pueden evitar, en ocasiones, ser presas de su ego."

"Ojalá mi ego fuera más útil y me ayudara a saber qué buscar. A veces pienso que estoy soñando y que en cualquier momento voy a despertar…"

"Pero ya estás despierto, por eso estás aquí."

"¿Cómo sé que aún no estoy muerto?" El ser pone su mano en tu nuca como si quitara algo de ahí y de pronto ves que sostiene un brillante y fino cordón de plata.

"¿Qué es eso?"

"Es lo que te mantiene unido a tu cuerpo. Todos los humanos tienen uno, por eso su cuerpo espiritual y mental pueden permanecer unidos al cuerpo físico, no importa cuán lejos estén. Al llegar la muerte del cuerpo físico, el cordón desaparece." Permaneces pensativo. Viene a tu mente la imagen de tu cuerpo postrado en la cama de hospital y de pronto se materializa frente a tus ojos. Te acercas y ves tu rostro visiblemente demacrado y ojeroso, mientras respiras conectado a un montón de tubos y mangueras que llevan diferentes sustancias para mantenerte con vida. Tus brazos ahora son como dos raquíticas ramas y si no supieras que eres tú, sería un tanto difícil reconocerte.

"Siento mucho dolor, pero no me doy cuenta."

"Tener un cuerpo físico implica, a veces, sentir dolor. Una vida humana involucra muchas cosas, incluyendo la experiencia del sufrimiento. Creo que ya lo había mencionado."

"No sé si quiera seguir pasando por todo eso…"

"En tu condición no eres consciente del dolor que tu cuerpo está sintiendo, pero tu memoria celular, y cada átomo que habita en ti, guarda un pequeño registro."

"No me gusta verme así." Le das la espalda a tu cuerpo sobre la cama y este desaparece. Tus ojos se vuelven cristalinos. Entonces viene a ti, como una memoria que creías perdida, la imagen de tu madre, tu padre y tu hermano. Luego aparece Él y todas las personas que significan algo importante para ti. El corazón se te estruja y te invade una creciente desolación.

"¿Y ellos? ¿Qué pasará si no vuelvo?"

"Ellos también sufren por ti. Su experiencia humana tampoco está exenta de dolor."

"Pero yo no quiero ser responsable de ese sufrimiento."

"No lo eres. Es normal que suceda, eres alguien amado." Oír eso, extrañamente, te da una sensación de paz. Siguen caminando hacia ningún lado.

"¿Hay algo que pueda hacer para aliviar su sufrimiento?"

"No. Es parte de lo que tienen que vivir."

"Y si no vuelvo, ¿qué pasaría?"

"Aprenderían a continuar sin ti."

"¿Cómo? Enséñame". El ser te mira y asiente. "Necesito saber que estarán bien, supongo…" No suenas convencido, pero sientes curiosidad.

"Nada está escrito, ni siquiera tu estancia aquí. Desde el inicio has podido elegir volver, pero estás eligiendo continuar aquí… Y comienzo a pensar que algo aquí también te quiere en este lugar…"

"¿Y si esas supuestas razones no existen y todo esto resulta ser una sala de espera para lo inminente?"

"Si no hubiera razones, ¿por qué simplemente no vuelves a tu cuerpo y esperas a ver qué ocurre?"

"No quiero. Me gusta aquí, aunque yo no pidiera venir. Además, no sé si pueda lidiar con un cuerpo disfuncional..."

"Tampoco puedes resignarte a huir y ya solo porque hay cosas que no quieres enfrentar. Seguro hay una razón, y eso es algo que debes descubrir, yo solo soy un guía, una compañía mientras decides qué hacer. Puedo acompañarte e incluso cuidarte, pero jamás podré decirte qué hacer. Eso lo decides tú. Recuérdalo."

Cierras los ojos y suspiras. Vienen a tu mente imágenes de esa vida que era tuya y que ahora no sabes si quieres de vuelta, pero también sientes miedo de dejarlo todo y saber qué es lo que te espera más adelante. Te has preguntado si realmente deseas volver y sientes culpa por pensar en eso sabiendo que allá, del otro lado, hay un montón de personas haciendo todo lo que pueden para mantenerte con vida. Aunque, por otro lado, no es la primera vez que te preguntas cómo sería la vida sin ti, la vida de ellos, todos a quienes amas. Entonces abres los ojos y te vuelves hacia el ser de luz que sigue ahí, esperando paciente. Estás decidido a saber lo que podría ocurrir con ellos si es que tuvieras que dejarlos.

"Quiero ver. Supongo que me daría paz saber que podrían continuar sin mí..."

"Eso sin duda pasaría. Todo el mundo, tarde o temprano, puede continuar luego de una pérdida, pero me da la impresión de que tal vez buscas razones para convencerte y volver." Jaque mate. Sabes que sí. Te sientes descubierto.

"No te juzgo, así que te voy a mostrar. Pero tienes que estar listo para lo que sea que vayas a ver y recordar que solo son supuestos, no certezas." Asientes. Los nervios comienzan a invadirte, pero es más grande tu curiosidad. El ser de luz levanta los brazos como si acariciara el aire y, poco a poco, la blancura infinita comienza a llenarse de colores y texturas que van formando un paisaje que no logras distinguir.

Tras unos instantes, puedes ver el panorama completo. Ahora te encuentras en medio de lo que parece ser un parque con una hermosa fuente al centro. Hay muchas personas reunidas con velas y flores. Nadie puede verte, tampoco al ser de luz, así que caminas para acercarte a la fuente y, mientras lo haces, te percatas de que algunas lloran mientras otras las consuelan. Cuando llegas a la fuente, ves una cantidad inmensa de veladoras prendidas alrededor de fotografías tuyas que la gente puso a modo de altar. En el centro hay una enorme corona de flores donde también hay cartas y notas de agradecimiento.

"Esto es… mi funeral, ¿cierto?"

"En esta realidad, tu funeral fue hace unos días. Esto ha sido iniciativa de la gente que te seguía y leía. Han decidido venir aquí para recordarte y honrar tu memoria. Tal vez no eres consciente de ello, pero has tocado muchas vidas y huellas así no se borran nunca."

"Ahora recuerdo… Yo vivo en ese edificio de ahí." Señalas la estructura roja que está justo frente al parque. Algunas personas llevan tus libros en las manos y otros continúan dejando flores alrededor de la fuente que ahora es un gran y colorido altar.

"¿Y mi familia?" El ser de nuevo hace un movimiento con sus manos acariciando el aire y la escena cambia. Estás en casa de tus padres. Tu padre hace el desayuno, todavía no asimila lo que ha pasado y tu hermano le ayuda. Aunque no es muy expresivo, sabes que por dentro está roto. Momentos más tarde tu hermano sube a la alcoba principal donde está tu madre. Tiene los ojos hinchados y la pesadumbre le cuelga del rostro como una pesada máscara mientras que una tristeza profunda le brota por los ojos. No tiene hambre. Tu hermano deja la charola con comida cerca de ella en la mesita de noche y sale, baja al comedor y desayuna con tu padre en medio de un silencio ensordecedor.

"Todo es muy reciente, es normal que se sientan así." Lo entiendes, pero no soportas verlos en medio de tanto sufrimiento. Entonces te acuerdas de alguien más. Él viene a tu mente y sientes cómo se te apachurra el corazón.

"¿Y Él? ¿Qué ha sido de Él desde que me fui?" El ser vuelve a cambiar el paisaje con solo mover la mano y llegas a la sala del que fue tu departamento y lo ves ahí, sentado en el que era tu sillón azul. Está frente al televisor, viendo viejos videos tuyos de entrevistas y, mientras esboza intentos de sonrisas, derrama unas cuantas lágrimas. Te sientas junto a Él en el brazo del sillón, luego pones tu mano sobre la suya, pero no puede sentirte. Se levanta y se dirige a la habitación que compartía contigo. Tiene una foto de los dos en su buró y al lado todos los libros que escribiste.

"Suele hojearlos cada noche como si te buscara en cada página." Te acuestas a su lado, las ganas de abrazarlo son inmensas y la impotencia se siente como una terrible condena. No recuerdas que haya leído tus libros antes, pero ver que lo hace te da paz y sabes que en esas páginas hallará consuelo.

"¿Entonces esto es lo que pasaría?"

"Es una de las probables realidades, sí."

"¿Y qué pasa más adelante?" Un movimiento de su luminosa mano surca el aire y el tiempo avanza. Estás de nuevo en casa de tus padres. Es Navidad. La casa está decorada como nunca la habías visto y un aroma dulce a canela y chocolate impregna el ambiente. Suena el timbre y sale tu madre de la cocina, luce un hermoso vestido color mostaza y se quita los guantes de cocina que usa para sacar los brownies del horno. Abre la puerta y lo ves a Él entrando sonriente con varias bolsas de regalos. Saluda a tu madre con un abrazo y te alegra ver lo mucho que mejoró la relación entre ellos. Justo detrás de Él entra su hermana y saluda de manera muy afectuosa a tu madre, con quien siempre tuvo afinidad. Y ahí, más atrás, entra otro hombre. Es guapo, de tez blanca, ojos bonitos y sonrisa encantadora; por alguna razón, te recuerda un poco a ti. Tu madre lo saluda con familiaridad y entonces escuchas que Él lo llama "mi amor". Sientes un frío que te atraviesa el corazón. *Después de todo, sí encontró a alguien más.* El chico se acerca a Él y lo ayuda con las bolsas de regalos que coloca debajo del hermoso árbol de Navidad dorado y luego ambos se dan un fugaz beso en los labios. En ese instante baja tu padre y los saluda con un abrazo mientras la puerta de la entrada se abre de nuevo y ves a tu hermano llegar con su novia. Traen bolsas del supermercado y más regalos. Todos parecen muy felices.

"Han pasado cinco años desde tu partida y, tarde o temprano, aprenderían a vivir con tu ausencia y el sufrimiento se convierte de nuevo en alegría." Mientras el ser te habla, ves cómo Él se acerca al pequeño altar con tu fotografía que tus padres pusieron sobre una bonita repisa de madera con dos velas y un incensario. Contempla brevemente tu foto con un cariño que aún le brota por los ojos y cambia el incienso por uno nuevo que enciende con una de las velas prendidas a cada lado de tu foto.

"Me da miedo que un día me olvide."

"Nunca se olvida a quien se ama de verdad. El amor es la única cosa que puede seguir existiendo sin importar el tiempo o espacio. Vives en cada uno y te llevan siempre consigo."

"No me malentiendas, me alegra saber que pueden ser felices sin mí, es solo que... me gustaría ser parte de esa felicidad... Aunque, por otra parte, algo en mí siente cierto alivio de ya no tener que volver, es tan confuso..."

"Tal vez para eso estás aquí también, para ver todo en perspectiva y revalorar las cosas." Te acercas al comedor donde están sentados Él y su nueva pareja mientras platican con tu hermano y tus dos cuñadas. Lo ves contento y ya casi no hay rastros de la tristeza que alguna vez le apagó el brillo de la mirada. Lo observas deseando que Él también pudiera verte y notas que de su cuello cuelga el collar que siempre te ponías, y en su mano izquierda resplandece el que solía ser tu reloj y que ahora usa desde que no estás. *Me sigue llevando con él.*

"Y lo hará siempre porque lo que tuvo contigo fue especial y significativo. Claro que podrá amar a más personas, pero lo que sintió por ti lo guarda como un tesoro preciado. Ese amor le ayudará a amar a otras personas." Quieres llorar, pero no brotan lágrimas, solo sientes cómo algo se encoge en tu pecho y se convierte en un nudo que sube a tu garganta.

"Tus padres honrarán tu memoria y mantendrán vivo tu legado. Vivirás en las páginas de los libros que escribiste y en todos los mensajes que compartiste. Ellos aprenderán a recordarte con amor y no con tristeza para poder continuar con sus vidas."

"Pero esta es solo una de tantas posibilidades, ¿no es así?" El ser asiente. "Eso quiere decir que pueden ocurrir otras cosas…"

"Hay muchas posibilidades. Pero todas siempre llegarían al mismo lugar, al de la aceptación para poder continuar. Los procesos previos para llegar a eso son las variables. Por eso debes elegir y lo que elijas está bien. Es tu vida, después de todo."

"¿Y cómo sabré qué hacer?"

"Debes seguir avanzando, pero tienes que querer y aceptarlo."

"¿Y si solo regreso y ya?"

"Eres libre, solo debes quererlo. Pero de manera eventual, en algún otro momento, pasaría algo que te traerá de nuevo aquí hasta que completes eso que está en tu misión divina, todos tenemos una y debemos cumplirla, aunque no seamos conscientes de ello."

"¿Y si no quiero y solo deseo que todo vuelva a ser como antes?"

"Nada puede volver a ser como antes. La realidad es que tu cuerpo físico está en grave peligro y tu consciencia está aquí, es la única realidad que tienes y debes elegir qué hacer con ella." Echas un último vistazo a esas personas que comparten la mesa, que ríen y disfrutan de una deliciosa cena, que te llevan muy dentro en sus pensamientos y te recuerdan con cariño cada vez que tu rostro viene a sus mentes. Luego, casi de manera instintiva, con un gesto de tu propia mano, eres tú quien ahora hace que avance el tiempo y llegas al frente de lo que parece ser una escuela y lo ves a Él, visiblemente más maduro y entrado en años. Las canas en su barba lo hacen lucir aún más atractivo que antes. Está esperando a alguien, lo ves desde el otro lado de la calle. Al poco tiempo ves a una niña pequeña que sale corriendo a sus brazos. De inmediato entiendes que se convirtió en padre. *Yo pensaba que nunca querría tener hijos o al menos no conmigo...* Por un instante sientes celos de ver cómo la vida continuó para Él, pero de inmediato te invade la culpa y rechazas ese sentimiento egoísta.

Entonces haces una pausa y, como si fuera una revelación, te das cuenta de que nada de eso es real. No sabes cómo lo haces, pero puedes saberlo. Nadie está cenando en Navidad, nadie se ha convertido en padre, tu cuerpo está postrado en una cama de hospital y seguramente allá, lejos, están angustiados y aterrados por lo que te pueda pasar mientras un gran equipo de médicos hace hasta lo imposible por sanarte. Un momento de lucidez te golpea y te percatas de que eso que has visto no ha sido más que la proyección de tu propia mente que busca desesperada respuestas a las preguntas que te aquejan. *Aquí y ahora es lo único que existe.* El ser de luz asiente.

"¿Por qué no me di cuenta antes?"

"Porque todo este tiempo has estado centrado en ti. Desprenderse del ego cuando estás acostumbrado a ser el protagonista de la historia no es tarea fácil. Pero aquí, esa historia de quién eres no tiene mucho sentido. Aquí solo eres mente. No necesitas nada de todo lo demás." La imagen de Él y la niña frente a la escuela se disuelve como acuarela en agua y la blancura infinita de siempre aparece de nuevo. La nada vuelve a cubrirlo todo.

"A pesar de que esas visiones fueron solo una proyección de tu propia mente y lo que sabes que pasaría, algo hay de verdad en ellas y es que no serías olvidado."

"¿Y si no puedo completar eso que debo hacer aquí? ¿O qué pasaría si lo hago, pero allá, del otro lado, no logran salvarme?"

"La realidad es que eres tú quien está retrasando tu proceso porque debes elegir, solo tú puedes decidir. Las personas que te cuidan pensarán que lo que hacen no está funcionando, pero no saben que el único que puede hacer que las cosas avancen o empeoren eres tú. Y claro que, si tardas más de lo debido, ellos tendrán que hacer lo que deban hacer; no pueden evitar que tu cuerpo reaccione de forma negativa a sus cuidados. Hay un curso natural de las cosas que, en este caso, puede darte tregua, pero solo por un tiempo más." Meditas unos instantes.

"Mentiría si te digo que no siento miedo de dejarlo todo y, al mismo tiempo, curiosidad por saber qué hay más adelante... pero no sé si estoy listo para hacerlo."

"Siempre he creído que lo estás, me alegra que ahora tú empieces a darte cuenta de ello." Pero las palabras del ser quedan ahogadas por un estruendo abrumador que se oye a lo lejos y poco a poco cobra fuerza y potencia. Ambos se vuelven y ven una masa oscura acercarse a toda velocidad arrastrando consigo una cantidad bestial de viento. El ser intenta cubrirte con su enorme cuerpo, pero es inútil. La oscuridad se cierne sobre ustedes con un rugido estremecedor.

"No tengas miedo." Y eso es lo último que alcanzas a escuchar antes de ser devorado por un vórtice que te abduce y arrasa con todo a su paso, sumiéndote en una oscuridad sofocante donde no puedes respirar.

Siete

el culto

No ves nada. La penumbra a tu alrededor es rasgada por la lánguida luz que emiten unas cuantas velas. Oyes murmullos, parecidos a rezos ininteligibles, casi susurros. Te percatas de que estás hincado, agachado y con las manos unidas como si también estuvieras rezando. A tu alrededor ves las sombras de otras personas orando, pero no sabes a quién. Volteas al frente y entonces lo ves: un enorme cuarzo parecido a una amatista que contiene en el medio un majestuoso altar con velas que rodean la figura de un macho cabrío color negro, parado sobre sus dos patas traseras con los cuernos apuntando hacia arriba. Un miedo te recorre el cuerpo, pero no entiendes qué está pasando. De pronto, todos los ahí presentes se ponen de pie y salen del lugar. Notas que no puedes ver el rostro de ninguno de ellos. Aún permaneces hincado sin saber muy bien qué hacer, entonces sientes una mano en tu hombro, vuelves la vista hacia arriba y ves de pie junto a ti a una mujer de baja estatura, pelo cobrizo con rizos relamidos en una coleta, que usa una bata de doctora color blanco y lleva un gafete. Te pones de pie y observas con más detenimiento a la mujer. Lo que más llama tu atención es su horrible rostro parecido al de un perro bulldog con los cachetes caídos, bolsas debajo de los ojos, ojeras y una mirada malhumorada. La mujer te observa con una sonrisa que se siente forzada e incluso un poco siniestra.

"Qué bueno que has venido. Te lo voy a presentar. Creo que le vas a gustar." La mujer te guía frente al gran macho cabrío disecado sobre el pedestal dentro de la enorme capilla de amatista y un escalofrío te recorre la piel.

"Su nombre es San Charbel. Es muy milagroso y te hemos traído aquí para que te cure." Aunque no lo dices, te preguntas cómo una figura que parece sacada de algún culto pagano puede llamarse de ese modo, luego recuerdas que algunas entidades del bajo astral suelen adoptar nombres santos a modo de burla.

"Él es el guardián de este lugar, de la gente con tu condición y puede hacer muchas cosas maravillosas por ti, solo necesitas pedirle que te adopte y rezarle con mucha fe." Todo parece ir muy rápido y sigues sin entender cómo una mujer que luce como doctora puede pedirte semejante cosa. De pronto, un rugido perturbador se escucha del interior de la enorme y espectral cabra. Los pelos de la nuca se te erizan. No entiendes dónde estás.

Miras a tu alrededor y ya no ves la nada blanca y tampoco al ser de luz. *¿Lo habré soñado? ¿Sobreviví a la intubación?*

"Había un ser conmigo hace unos momentos. ¿Cómo es que llegué aquí otra vez?" La horrible mujer lanza una risita burlona mientras te conduce hacia donde ya te esperan dos hombres —uno tatuado, con piel blanca y aspecto de malandro de mirada dura y otro más bajito, corpulento y rapado— que te ayudan a recostarte en una camilla a la que te sujetan y amarran con cinturones de seguridad para evitar que te caigas. Notas que aprietan los cinturones con una fuerza inusual, casi malintencionada. Mientras lo hacen, observas la arrugada y gorda cara de la mujer que te sonríe. Te parece inquietante y grotesca.

“¡Pero si no has ido a ningún lugar, tontito! Entraste el tres de octubre, hace ya varios días, y te hemos tenido aquí desde entonces.” La confusión te azota la cabeza mientras, por otro lado, tu mente no deja de pensar que antes ya habías visto ese rostro, pero no recuerdas dónde. Mientras eso pasa, tus ojos se detienen en el gafete que le cuelga del cuello y tiene el logo de la institución, su fotografía y un nombre en letras mayúsculas: EDUVIGES. Te parece un nombre peculiar, pero sientes que le queda perfecto a alguien como ella, que despide cierto aire malévolo.

“Entonces ¿la intubación ya pasó?” La mujer vuelve a clavar su violenta mirada en tus ojos.

“Sí, sí. Pero no salió como esperábamos. Todavía no puedes irte de aquí, estás muy débil. Si te vas, te nos mueres.” Notas la falsa condescendencia en su voz.

“¿Y ya le informaron a mi familia?”

“Ellos dieron la autorización para que sigas aquí.” Suspiras. Quizá es verdad.

Una vez que quedas bien asegurado en la camilla, los dos enfermeros te empiezan a empujar y te sacan de ese lúgubre salón a una especie de patio que conecta con las puertas de un elevador que es más parecido a un montacargas. Ves el cielo y sientes el aire sobre tu piel. Por un momento te invade una sensación de libertad y una nostalgia te inunda el pecho. Mientras observas el cielo del atardecer, descubres que acabas de salir de una casa color tabique de grandes ventanales y eso solo genera más preguntas en tu cabeza. Las puertas del montacargas se abren y los enfermeros entran empujando tu camilla. Notas que van descendiendo, y tras varios pisos, las puertas se abren y ves un largo y solitario pasillo iluminado por esa horrible luz blanca. Los camilleros te empujan por el pasillo y te percatas de que, en efecto, estás en el hospital. Ves las puertas de los cuartos, pero no oyes ruido alguno y tampoco ves más pacientes. Hay un silencio sospechoso.

Siguen avanzando y dan la vuelta a la izquierda sobre otro pasillo donde puedes ver una sala de espera y, colgado en una de las paredes frente a ti, un enorme cuadro. Es una pintura realista que muestra la mitad de la cabeza de un macho cabrío con ojos rojos que parece asomarse desde el dorado marco inferior. Sus cuernos retorcidos hacia arriba atraviesan el cuerpo de dos hombres desnudos que están envueltos por un listón rojo que flota y cubre sus genitales. La imagen es oscura, grotesca; de muy mal gusto y, sobre todo, muy mala entraña.

Pronto se alejan de ese pasillo y finalmente llegan a tu habitación. Los dos sujetos, que parecen matones sacados de alguna película de gangsters, te cargan y te pasan a la cama, la de siempre, esa a la que llegaste desde el primer día. Con excepción del inquietante silencio de afuera, tu habitación es la misma pero, al detenerte a observarla, notas algunas diferencias. La pequeña ventana, por ejemplo, por donde solías ver en las noches las luces de las farolas y la sombra del enorme árbol de uno de los jardines, ahora se ve más oscura y no logras distinguir nada en el exterior, como si hubiera sido polarizada. También notas que los marcos de la ventana lucen más nuevos y huelen a pintura fresca. Piensas que seguro cambiaron la ventana y ahora el cristal está ahumado para que no veas nada.

Por un instante parece que serás presa del pánico y una sensación abrasadora de claustrofobia te invade. No puedes dejar de pensar en sentirte como un rehén, atrapado en una cama y unido a un montón de cables que… *ya no están. ¿Cuándo me desconectaron?* Los únicos cables existentes son el del oxígeno que sale por las puntas nasales y el oxímetro enlazado a tu dedo índice

izquierdo. De inmediato te revisas el catéter que sale de tu mano derecha pero también ves que ya no está, ni siquiera tienes la marca. ¿Estaré mejorando? Pero tus pensamientos son interrumpidos por una serie de murmullos que vienen de algún sitio arriba de tu habitación y traspasan el techo. Se escucha gente entrando y saliendo mientras habla, pero no logras distinguir nada. Entonces el sonido de una puerta que se cierra termina con los susurros y de nuevo hay silencio. Recuerdas el lugar del que saliste y te preguntas por qué en un hospital habría esa clase de altar con una cabra negra gigante y cuál era la razón de encontrarte ahí. De nuevo tus pensamientos son interrumpidos por pasos que se oyen cada vez más cerca por el pasillo y a los pocos minutos ves la figura de uno de los camilleros, el alto y tatuado, pasar frente a tu habitación. Tu mirada se cruza con sus amarillentos y penetrantes ojos. Te mira de reojo, como si te vigilara, y sabes que percibe tu miedo cual sabueso. Pronto los pasos dejan de oírse, cierras los ojos y respiras profundo. *Tal vez he estado soñando.*

"Es sorprendente lo que puede hacer, ¿no?" La mujer con cara de bulldog enfadado y gordo está de pie en la puerta de la habitación. Nunca la oíste llegar.

"¿Cómo dice?"

"Es impresionante lo que un poco de fe puede hacer", dic mientras se acerca a tu cama. "No me he presentado, soy t nueva doctora titular, estoy a cargo de tu caso."

"Pero mi médico es el doctor Canales…"

"Él ya no estará más, ahora estaré yo." Te fijas de nuevo e su gafete. Ni siquiera la pequeña fotografía pixelada logra dis mular su fealdad. Su presencia te provoca desconfianza y ansi dad. "Hace tan solo unos días estabas intubado y hoy estás aq gracias a él…" La mujer se quita una delgada cadena de oro q

lleva colgada al cuello y que tiene una figura dorada de un pequeño carnero con cuernos parado sobre sus dos patas traseras. "Deberías rezarle, es muy milagroso. Él puede hacer que eso que llevas en la sangre desaparezca."

Por alguna extraña razón, aquellas palabras despiertan una molestia en tu interior. Nunca te ha gustado que te digan qué hacer y mucho menos en qué o en quién creer. Nada tiene sentido. ¿Por qué alguien te habla de creencias y fe en un hospital?

"Me gustaría hablar con otro de mis médicos, tengo algunas preguntas." Tu tono de voz indica que es una orden.

"No te preocupes, piénsalo. Solo necesitas dejar que entre en ti y decirle que crees en él."

"¿Cuándo podré tener visitas? Quiero ver a mis padres."

"Tus padres acaban de venir hace un par de horas, ¿no lo recuerdas?" Su respuesta te desconcierta.

"Pero acabo de salir de ese lugar con el altar y las velas y..."

"Tus padres se marcharon hace rato, podrás verlos de nuevo la siguiente semana."

"¿Cuánto tiempo más voy a tener que estar aquí?"

"El necesario. Pero si te unes a nosotros, será aún más rápida tu salida."

"¿Ustedes? ¿Quiénes?" Sus respuestas son preocupantes y solo sientes crecer en ti la ansiedad. "¿Y los demás pacientes? ¿Por qué no escucho a nadie?" Tratas de incorporarte, pero una pesadez te impide moverte. Tu cuerpo se siente lento y adormecido. Vuelves la vista hacia tu lado derecho y ves de nuevo al hombre tatuado inyectando una solución a través del catéter que, de alguna forma, ya tienes otra vez en el brazo. El cansancio se siente en tu cuerpo, te desplomas sobre la cama y permaneces viendo al techo fijamente, haciendo un esfuerzo por mantenerte despierto. Entonces, escondido entre la rugosidad de la pintura

blanca, ves el rostro demoníaco que ya habías observado en tu primer día en esa habitación, pero ahora luce más grande y con una sonrisa cínica más pronunciada. Te mira y sientes miedo. Cierras los ojos y los aprietas con fuerza deseando que al abrirlos la visión haya desaparecido. Cuando lo haces, la ves a ella de nuevo, la horrenda mujer con cara de perro.

"¿Ya despertaste?" La miras extrañado.

"Ya estaba despierto, no he dormido."

"Yo creo que sí has dormido, más que bien, diría yo. Dos días exactos, hoy es martes." ¿Dos días?

"Pero eso no es posible. Apenas hace unos momentos la acabo de ver y luego vino alguien a inyectarme algo… ¿Dónde están mis otros doctores?"

"Hoy me toca hacer guardia a mí." No soportas su fingida y burlona sonrisa que adereza con falsa amabilidad.

"¿Ya has pensado qué vas a hacer?"

"¿Qué haré de qué?"

"Pues con el ofrecimiento que te hice. Quieres curarte, ¿no es así? Él podría darte todo lo que quisieras."

"Mire, con todo respeto…", dices fastidiado, "... yo no estoy aquí para que me vengan a imponer creencias y me hagan dudar de las mías. Esto es un hospital y quiero ver a mis médicos." Tu tono no es de su agrado y la descarada sonrisa se le borra del rostro haciendo que su semblante cambie a uno que denota molestia. Frunce los labios enseñando sus maltrechos dientes.

"¡Que conste que te lo advertí." La mujer sale enojada de la habitación. En el pasillo, escuchas que se dirige a alguien. "Este nos va a costar trabajo, pero si no quiere, de una vez le damos cuello, de aquí no sale." Aquellas palabras agitan tu ritmo cardiaco y te ponen muy nervioso. Luego escuchas cadenas y respiraciones forzadas acompañadas de gruñidos similares a los que hacen los perros de razas grandes. Oyes lo que parecen ser patas haciendo ruido con las uñas al tocar el frío suelo de loza. *¿Por qué hay perros aquí?* Entonces recuerdas que tienes un timbre para llamar a las enfermeras y tratas de alcanzarlo con la mano izquierda. Tras unos instantes de esfuerzo lo logras y lo tocas una vez, dos veces… tres veces, y hasta la cuarta escuchas que alguien se acerca. Es una mujer chaparra y regordeta con sonrisa amplia y cara amable. Entra a la habitación y se acerca a tu cama para preguntarte si se te ofrece algo.

"Sí, quiero hablar con mi doctor titular, por favor." La enfermera te mira como si hablaras en japonés. "Sí, el doctor Canales o alguien más que esté cargo, porque esa mujer no es mi doctora. Me cambiaron de médico titular sin mi consentimiento y sin avisarle a mis familiares." Tu molestia es evidente.

"Me temo que tendrás que esperar hasta mañana porque ahora no hay ningún médico de guardia."

"¿Hasta mañana? ¿Qué hora es?"

"Son las 3:00 de la mañana."

"¿Y qué día es?"

"Es viernes."

"¿Viernes? Eso no puede ser. Esa mujer me acaba de decir que es martes. ¿Acaso quieren engañarme?" La enfermera te lanza una sonrisa indulgente como si estuvieras diciendo disparates y te comienza a arropar.

"Estás cansado. Duérmete. En la mañana vendrá alguien a verte y aclarará todas tus dudas. Si me necesitas, estaré en el pasillo." Y dicho eso, te lanza una última sonrisa fingida que solo logra enojarte aún más. Permaneces acostado viendo al techo y tus ojos, casi de inmediato y sin querer, se detienen en el rostro diabólico que parece burlarse de ti. Apartas la vista y tratas de ver por la ventana, pero no hay nada del otro lado, salvo una oscuridad inquietante. De repente te sientes atrapado. El cuarto parece encogerse y una sensación sofocante te recorre, pero es solo la ansiedad que te provoca no poder moverte y haber regresado de repente a la cama de hospital. Piensas ahora que estabas más cómodo allá, en ese lugar blanco e infinito.

***

Unos susurros te despiertan. Abres los ojos despacio y ves la mortuoria luz blanca iluminando el pasillo y a varias personas que hablan entre sí. Entre ellas se encuentra la horrenda mujer con cara de bulldog, que no deja de mirarte por el rabillo del ojo. De pronto, los murmullos cesan y todos se giran hacia ti mientras te observan. Sus miradas te causan desconcierto y te recorre un escalofrío. La horrenda mujer esboza una falsa sonrisa en esa cara llena de arrugas y pliegues flácidos mientras entra a la habitación y se acerca a ti.

"Lamentablemente ya no hay nada que hacer por ti. Estás muy mal. Ya le hablamos a tus familiares para darles la noticia." No entiendes nada. *¿Eso significa que es todo? ¿Hasta aquí llegué?* La mujer finge tristeza, pero luego vuelve a mostrar esa escalofriante sonrisa.

"A menos que le pidas a él..." Saca de su blusa la cadena de oro con el carnero dorado. "Él puede hacer que vivas muchos años, en tres días estarás como si nada." De pronto, un enojo comienza a hervir en tus entrañas. ¿Por qué tanta insistencia en unirme a su culto? No te salen las palabras. Estás enojado y muy confundido. Quieres ver a algún otro médico, pero no hay nadie más. Los enfermeros y enfermeras que aguardaban fuera del cuarto han desaparecido.

"¿Y si me niego? Yo no vine aquí a profesar ninguna creencia. ¿Esto sigue siendo un hospital?" La mujer se burla de ti y lo niega. Aunque en tu cabeza tu voz suena fuerte y clara, la realidad es que no emites sonido alguno, solo débiles jadeos que intentan ser palabras.

"Como quieras, pero por ti ya no hay mucho que hacer." Sale de la habitación y en el pasillo ves que se reúne con tus padres. Alcanzas a oír que les repite esa misma sentencia: ya no hay nada que hacer, intentaron todo, pero en tu condición ya no hay ninguna posibilidad. Tu madre llora y tu padre se lleva las manos a los ojos mientras la abraza. Quieres gritar y decirles que no, que los están engañando, pero de tu boca sigue sin brotar sonido alguno. Solo tú puedes oírte en tu mente y confirmas que afuera nadie lo hace. Intentas moverte, pero tu cuerpo no tiene fuerza y hay tantos cables conectados a ti, que son como tentáculos que te abrazan y te impiden maniobrar. Ves a tus padres alejarse apesadumbrados y un sentimiento de abandono te atraviesa por dentro. Aun así, intentas con desesperación gritarles una vez más para que vean que ahí estás, que estás bien y todo son mentiras, pero nada ocurre.

La espantosa mujer se vuelve hacia ti y desde afuera del pasillo te mira con sonrisa burlona y triunfante. No entiendes por qué hace todo eso. Luego da media vuelta y se marcha silbando con aire cínico. El silbido cada vez es más lejano hasta que dejas de escucharlo y la oscuridad te devora sin ninguna intención de dejarte escapar.

Ocho
manipulaciones

Un ruido metálico y la vibración de algo que avanza te despiertan. Te das cuenta de que te llevan en la camilla hacia algún lugar. Miras hacia arriba y ves de nuevo a ese camillero con pinta de malandro y ojos amarillentos producto de la ictericia. Él te devuelve la mirada con indiferencia. Delante de ti va el otro, el chaparro fornido con cuerpo de bóiler. Notas que empujan la cama sin cuidado alguno, como si no hubiera nadie en ella. *Perros malditos.* Después de cruzar varios pasillos largos iluminados por esa horrenda luz blanca —que, irónicamente, todo parece oscurecerlo más—, llegan a un salón grande y sin ventanas. En medio solo está el aparato con las bombas que administran las dosis de medicamentos. Los dos hombres, que te recuerdan a rottweilers amaestrados, te colocan en medio de la habitación y te conectan a las bombas. Luego de eso y sin dirigirte palabra alguna, se retiran y te dejan solo. El lugar es pulcro y silencioso, pareciera a prueba de ruido. No hay ni una sola entrada por donde pueda colarse la luz exterior, todo es iluminado por la lámpara de techo que emite una fría luz blanca e ilumina las verdosas paredes del lugar.

Luego de un rato, la puerta de la habitación se abre y ves entrar a tu madre. Lleva una blusa beige y pantalones amplios color café, del hombro lleva su vieja bolsa de mano hecha de cuero negro. Se acerca a ti mientras te sonríe.

"Hola, Ale. ¿Estás despierto?" Asientes con la cabeza. Tu madre se acerca una silla y se sienta de frente a ti del lado de tus pies. "¿Cómo has estado?" Quieres decir que bien, pero la realidad es que no sabes cómo porque no puedes hablar.

"No lo sé, están pasando situaciones muy extrañas. Veo cosas y hay gente muy rara que viene a verme. Me piden que haga cosas y que cambie mis creencias con tal de salvarme… No entiendo por qué…" Con mucho esfuerzo ella puede entender un poco de lo que apenas logras articular como débiles susurros.

"A tu padre y a mí nos han explicado lo que ocurre y pensamos que sería bueno confiar e intentarlo…" No puedes creer que tu propia madre te pida algo así y menos ella que no suele creer fácilmente en muchas cosas.

"¡No!" Niegas desesperado. "¿Por qué tengo que someter mi mejora a las creencias de otros? Me enoja que me obliguen a cambiar en lo que yo creo. ¡Esa parte de mí es muy íntima, no me gusta exponerla así!"

"Quizá sea bueno para ti confiar en él. No perdemos nada con intentar…"

"Entonces ¿tú también crees en él? ¿Cómo puedes decir eso?"

"Vamos a intentarlo, ¿quieres?"

"No, no voy a intentar nada." Tratas con todas tus fuerzas de pronunciar esas palabras. Miras indignado al otro lado. Piensas que no pueden condicionar salvarte solo si aceptas pertenecer a su clase de culto. *¿Acaso no se dan cuenta?* Luego vuelves la vista hacia ella de nuevo y piensas que es probable que ellos la hayan enviado para convencerte. No puedes dar crédito. Tu propia madre se ha prestado a un juego de manipulación.

"Yo creo que es muy milagroso. Ya me han enseñado lo que puede hacer."

Quieres gritarle que no te interesa, que deseas pedir tu alta voluntaria y que te cambien de hospital. De pronto, algo jala tu mirada hacia la puerta que está entreabierta y ahí ves esos ojos malvados espiando. Es ella, la horrible mujer perro viéndolos a ambos desde lejos.

"¡Ella te envió!", susurras señalando la puerta que se cierra casi al instante. Ya no quieres ver a tu madre y le haces un ademán para que se marche. No vas a cambiar tus creencias ni vas a rezarle a ninguna entidad. Parece entender el mensaje y, con cierta decepción, te mira, se levanta de la silla, te da un apretoncito cariñoso en los pies y se marcha. Quedas de nuevo solo en esa habitación sumido en el apabullante silencio. La frustración se ha apoderado de ti, sin nadie a quien llamar y que pueda acudir en tu ayuda. *¿Qué hago?* La corrosiva angustia por querer escapar de ahí se siente como si te hundieras en el agua y no pudieras salir a la superficie. Si tan solo tuvieras forma de comunicarte con Él, seguro iría de inmediato a rescatarte, pero quizá tampoco lo dejarían verte. Tantas ganas tienes de verlo, tantas...

***

Un ruido de botones, plástico y cables te despierta. Abres los ojos y ves el techo gris y deprimente de tu cuarto de hospital. La luz que entra por la diminuta ventana polarizada y sellada te deja ver que es de día y está soleado. Un par de enfermeras que no habías visto antes está desconectando los cables de las bombas que suministraban los medicamentos a través del catéter para después retirártelo.

"¿No estás emocionado?" Te pregunta sonriente una de ellas, quien lleva una bata de ositos cariñositos con estetoscopio, pero no entiendes a qué se refiere. "En un rato vendrán tus doctores para que firmes los papeles y puedas irte." ¿Irme, a dónde?

La otra enfermera mete en una maleta tus pertenencias y deja doblada sobre tu cama una muda de ropa que consta de un pantalón de mezclilla, playera blanca, chamarra negra y los tenis blancos con los que llegaste.

"Estábamos esperando a que despertaras. Es probable que te sientas un poco mareado, así que muévete despacio y cuando estés listo, cámbiate de ropa y deja la bata sobre la cama." Te dedica una sonrisa forzada de vendedora de infomercial y ambas se retiran.

Te toma varios minutos caer en la cuenta de que te están dando de alta. Te preguntas si hay alguien de tu gente afuera esperándote y, hasta entonces, la idea comienza a parecerte atractiva. Te entusiasma salir de esas gélidas y desoladoras cuatro paredes y abandonar ese incómodo colchón. Comienzas a moverte despacio y, para tu sorpresa descubres que no te cuesta trabajo y que tus piernas y brazos responden casi al instante. Seguro de tu fuerza, te incorporas sobre la cama y te sientas; luego de unos instantes te pones de pie y descubres que tus piernas te sostienen sin problema; no hay dolor y tu fuerza parece haberse recuperado por completo, así que te quitas la horrible bata azul y comienzas a vestirte con tu ropa. Cuando has terminado de amarrarte las agujetas de los tenis, entra uno de tus médicos. Te entrega unos papeles que debes firmar para autorizar tu alta y un bolígrafo. No te detienes a leer lo que dice, solo firmas. Quieres irte lo antes posible, llegar a casa y abrazarlo a Él, ver a tus padres y a tu hermano.

El médico te explica que deberás llevar algunos cuidados pero que, en general, te has recuperado satisfactoriamente y que lo demás lo irán viendo en las consultas externas. Respiras profundo y sientes el aire llenándote hasta el último rincón de los pulmones. Experimentas un alivio. Le preguntas si hay alguien de tu familia esperando afuera y él te responde que ya se les ha avisado, pero aún no han llegado. El médico se retira, buscas tu teléfono en la maleta que han hecho y lo encuentras hasta abajo de todas las cosas. Abres la aplicación de mensajes y mandas uno al chat grupal para decirles con emoción que estás a punto de salir del hospital, que ya te han dado de alta y estás ansioso por verlos. Envías el mensaje, pero no obtienes respuesta y luego te percatas de que no aparecen las dos palomitas de "entregado". *Tal vez es la mala señal de aquí.* Te pones la chamarra y te echas la maleta al hombro para salir de la habitación.

¡Qué bien se siente dejar atrás ese lugar! Y esperas jamás regresar. Mientras caminas por el pasillo hacia la sala de espera, vas pensando en todo lo que quieres hacer con tu familia al llegar a casa. No puedes creer que al fin terminó todo ese infierno y sigues aquí, vivo.

Llegas a la sala de espera donde aguarda una de tus doctoras para decirte que han mandado pedir un auto que te llevará a casa. Te parece muy extraño que nadie de tu familia haya ido a recibirte, pero ella te dice que se les avisó y no obtuvieron respuesta. Pensando en lo despistada que es tu familia para responder mensajes y atender llamadas en el celular, no te parece extraño. La doctora se retira y te desea mucha suerte.

Bajas las escaleras y te topas de frente con el cuadro aquel que antes tenía un macho cabrío color negro atravesando a dos hombres entre sus cuernos. La espeluznante cabra ya no está, ahora solo hay dos cuerpos masculinos desnudos que parecen flotar en la inmensidad rodeados de un listón rojo que vuela a su alrededor. La pintura ya no te parece macabra, pero sigue sin gustarte.

Cuando por fin sales del edificio, te diriges al estacionamiento donde ya te espera un auto que arranca en cuanto subes. Ya de camino, intentas llamar a tu madre, pero no obtienes respuesta; tampoco de tu padre ni de tu hermano. Intentas llamarlo a Él, pero el número te manda directo a buzón. Decides dejar de insistir y te concentras en el viento fresco que entra por la ventana y acaricia tu cara y alborota tu pelo. Nunca imaginaste que volver a sentir algo tan simple como el viento en el rostro pudiera ser toda una experiencia. Volver a ver las calles, la gente caminando, el cielo y la vida que siempre estuvo ahí afuera mientras tú estabas allá adentro se siente como entrar por primera vez a un parque de diversiones donde todo es sorprendente.

Al cabo de un rato, el auto se detiene frente al edificio donde vives. Nada ha cambiado, sigue con el mismo color rojo deslavado en la fachada y la pequeña tiendita de abarrotes en la planta baja que da a la calle. Desciendes rápido del coche y buscas tus llaves en la maleta casi con desesperación. Imaginas la cara que pondrá Él cuando te vea entrando por la puerta y el gran abrazo que le darás. Las llaves al fin aparecen y metes una de ellas en la chapa como siempre lo has hecho, pero la puerta no abre. Te extrañas y vuelves a intentar, pero fallas. *Han cambiado la chapa.* Buscas a alguien en la tiendita para que te abra, pero no ves a nadie. De pronto la puerta se abre y ves salir a una señora con dos niños pequeños que jamás habías visto. La vecina tampoco parece reconocerte. Te pregunta si vas a entrar, le dices que sí, que vives en el departamento del segundo piso, pero no tienes todavía la llave nueva de la chapa y ella extrañada te permite el paso mientras te sigue con la mirada. No te detienes a pensar en eso y subes de dos en dos las escaleras, ansioso por llegar. Después de subir dos pisos que te parecieron eternos, llegas a la puerta de tu departamento y te sorprendes al ver que es diferente. Ya no es del color bermellón aquel que tanto te gustaba, ahora es una puerta de madera color caoba y mucho más sobria. Te parecía más colorida la anterior, pero piensas que esa no se ve mal tampoco. Recuerdas el llavero que aún sostienes en la mano derecha y buscas la llave que la abre. Por un momento piensas que, si la puerta es diferente, la chapa también, pero no. La llave que siempre ha abierto esa puerta funciona igual y se abre sin oponer resistencia.

Estar en casa es un alivio. Sigue oliendo a manzana y canela como siempre te ha gustado, pero ahora las paredes del recibidor, que antes eran blancas, lucen un bonito color arena y el jarrón de talavera que estaba sobre la mesita de madera y era lo primero que se veía al entrar ha sido sustituido por un jarrón de barro negro. Cierras la puerta y avanzas por el pasillo que conecta a la sala, el comedor, la cocina y las habitaciones. También las paredes han sido pintadas de color arena y te das cuenta de que ahora todo el departamento tiene pisos de madera donde antes había alfombra. Los cuadros de las paredes del pasillo también cambiaron y ya no están tus fotografías con Él en el muro del fondo que conecta con las dos recámaras. Algo en tu interior comienza a inquietarse.

Entras a la cocina y notas que los muebles son distintos, hasta el refrigerador es diferente. Llegas a la sala y al comedor. Te sorprende ver que el espacio luce muy distinto a como lo dejaste. El comedor de madera rectangular que tanto te gustaba fue sustituido por una insípida mesa redonda y tu molestia interior se intensifica. *¿Por qué de cristal? Con lo que detesto los comedores de cristal.* Frente a ti ya no ves el trinchador enorme y hermoso de madera que hacía juego con el antiguo comedor, ahora hay una mesa larga y estilizada donde sigue habiendo macetas con plantas, algunos otros adornos de cerámica y esculturas muy minimalistas de formas largas y simples.

Del otro lado de la estancia, donde está la sala, ahora hay tres sillones, también minimalistas, que para nada se ven tan cómodos como el enorme y acojinado sofá de marca alemana que tú y Él compraron alguna vez en rebaja. La mesa de centro de bonito cristal cortado que les regaló tu madre cuando recién te mudaste ya no existe, en su lugar hay una horrorosa mesa de metal con forma extraña sobre una horrible alfombra gris. Nada de lo que ves te resulta acogedor, menos cuando observas el apagado color gris con el que han sido pintadas las altas paredes que antes eran blancas. Decides ir entonces a la habitación. Dejas tu maleta sobre uno de los incómodos sillones y caminas por el pasillo hacia la recámara que está del lado izquierdo. Todo ahí es diferente también. La gran pared frente a la cama que antes era de un bonito azul cobalto regresó a ser blanca. Cambiaron la cama de posición y la cabecera que antes era de madera fue reemplazada por otra más simple acojinada en color beige. Incluso las sábanas, de un espantoso color amarillo, te resultan de mal gusto. Pero nada de eso te sobresalta tanto como ver, sobre una de las mesitas de noche —donde antes había sólidos burós de madera— una fotografía de Él con otro chico que lo abraza dándole un beso en la mejilla. Un frío te recorre el cuerpo y sientes un vacío en el estómago. Entonces escuchas que alguien abre la puerta de la entrada, sales de la habitación y lo ves a Él cargando bolsas de supermercado. Luce diferente, se ha puesto más en forma y se ha recortado la barba. Sigue siendo muy guapo.

En cuanto termina de colgar las llaves y se dirige a la cocina, se topa de frente contigo que estás al fondo del pasillo y las bolsas se le caen al suelo. La expresión de su rostro es casi terrorífica, como si estuviera viendo a un espectro. La sorpresa e incredulidad en su mirada te desconciertan y te acercas a él, lo miras extrañado y le das un abrazo que, en otras circunstancias, habría sido más cálido y apretado, pero que se redujo a uno torpe, frío y breve.

"¿Cómo es posible?", pregunta extrañado y con los ojos llenos de agua.

"Me dieron de alta... ¿Estás bien? Parece que no esperabas verme."

"Es que ya no esperaba verte..." Su respuesta te atraviesa como una bala.

"¿De qué hablas?"

"Tú estás muerto." No puedes dar crédito a lo que estás escuchando ni él a lo que ve. Está muy alterado y las lágrimas comienzan a resbalarle por las mejillas.

"¡Eso es absurdo! ¿Quién les dijo eso?" Tratas de tomarlo de las manos, pero él se aleja como si tuvieras peste. Eso te lastima.

"Hace tres años moriste. ¡Yo te vi morir en esa cama!" Puedes ver que la situación lo está rebasando. Se dirige a la sala para sentarse. Se lleva las manos a la cara aún sin poder asimilar lo que sucede. Respira profundo varias veces para tratar de calmarse y que las lágrimas dejen de brotar mientras lo observas angustiado. Por unos instantes desconoces al hombre que ves sentado frente a ti.

"Tú moriste. Hace tres años moriste. Estuviste mucho tiempo intubado y no hubo más que hacer. Tu cuerpo no aguantó y fue cuando nos dijeron que estabas muy débil; a los pocos días te fuiste." Oír eso te da escalofríos y un vuelco en el pecho.

"¿Te das cuenta de lo estúpido que suena siendo que estoy aquí, frente a ti?" La molestia y el enojo se te escapan en cada sílaba. "¿Quién es la persona que está contigo en la fotografía sobre el buró?" Silencio.

"No puedes culparme por haber querido rehacer mi vida luego de perderte." Lo entiendes todo. No solo cambió los muebles y sustituyó el color de las paredes, también lo hizo contigo, o al menos así es como lo sientes.

"Pero... ¿Qué se supone que voy a hacer ahora?" Te sientes desplazado y robado. Te han quitado la vida que conocías, que era tuya y parece que ahora es de alguien más. "Esta es mi casa, yo tengo una vida contigo." Silencio de nuevo.

"Yo... no sé qué decir. Después de ti no quería conocer a nadie y pasé mucho tiempo de luto. Pensé que jamás iba a volver a vivir algo como lo que tuve contigo, pero un día lo conocí a él..." Te duele saber que él ya no es tu Él. "Me quise dar una oportunidad y aquí estoy..."

"Pero tú me sigues amando a mí. Todos los días intentas olvidarme con él." Baja la mirada, sabe que no hay forma de negarlo. "¿Qué pensaría él si supiera eso, que en silencio todavía me extrañas? ¿Cuánto llevan juntos?"

"Un año." Te acercas a él y te hincas mientras tomas sus manos.

"Eso no se compara con el tiempo que tú y yo compartimos. Déjalo. Dile que volví. No puedes negar lo que todavía sientes por mí." Vuelve a bajar la mirada, pero solo porque sabe lo mucho que le apena no poder tomarte la palabra.

"Cuando te vi morir una parte de mí se fue contigo. La vida que conocía ya no tenía sentido, no estaba listo para verte partir. Pero con el paso del tiempo acepté la idea y en mi mente también te dejé morir. No puedes pedirme que regrese a una vida que ya no siento mía y que me costó mucho trabajo poder dejar atrás. Yo tuve que aprender a continuar y lo he logrado, no puedo hacer como que nada ha pasado. Tienes que entender." Pero sabes que no hay nada que entender. Todo está muy claro. Llegaste tarde a una vida que ya no es la tuya, ahí ya no hay lugar para ti porque aquel que una vez fue tu Él llenó ese espacio con otras cosas.

Sabes que no hay más que decir y, pese a que por dentro sientes que un huracán de emociones devasta todo a su paso, encuentras la fuerza suficiente para ponerte de pie y soltarle las manos. Qué duro es aceptar perder algo que no sabías que ya habías perdido. *¿Por qué me mataron? ¿Por qué?* No puedes encontrar una respuesta y comienzas a convencerte de la idea de que tal vez no deberías estar ahí, que quizá sí es un error. Te sientes a la deriva sin un sitio a donde pertenecer.

No hay espacio en ti para acomodar tanta tristeza y desolación. Tu silencio, mientras echas un vistazo a cada rincón del que una vez fuera tu hogar, es tan desgarrador como el más triste de los lamentos, es un llanto sin sonido. Entonces, sin que te des cuenta, tus ojos se convierten en una presa que termina por desbordarse. Tus lágrimas son clavadistas que se precipitan al vacío, pero no hay ruido, ni espasmos o hipidos, el agua solo cae cual cascada sin posibilidad de detener su curso. Él te mira y se acerca a ti, le sorprende la manera en la que lloras y más aún, la absurda cantidad de lágrimas que cubre tus mejillas. Pronto comienza a hacerse un charco bajo tus pies que comienza a extenderse por el brillante y pulido piso de madera. Ni tú ni él saben qué está pasando, pero tus ojos son un grifo que no puede cerrarse. Intentas limpiarte las lágrimas que, para entonces, son chorros incesantes, pero no logras conseguir que se detengan. Él te mira con preocupación sin saber cómo ayudarte para detener tal cantidad de agua y de pronto caes en cuenta de que en realidad no quieres detenerte. Así que te sientas en una de las sillas del comedor y dejas que el agua salga de tus ojos con total libertad. Nunca habías experimentado un llanto así.

Mientras permaneces sentado y el agua recorre cada rincón de la estancia, mojando todo a su paso, él sale de la cocina con un trapeador y un jalador para intentar secar el agua, pero es inútil. Es preferible inundar todo afuera que inundarte por dentro, y así ocurre. El agua comienza a llenar la habitación como si se tratara de una tina de baño. Él entra en pánico. Quiere que te detengas mientras te mira horrorizado desde la esquina de la sala donde permanece pegado a la pared como si el suelo fuera lava. Pero no puedes y no quieres. Lo ahogas todo y, con todo, a ambos. Ya no es importante volver a respirar.

Nueve
la presencia

"¿Ahora ves todo lo que pasaría si no le entregas tu fe?" Dice una voz con cinismo. Notas una pesadez en el cuerpo que parece empujarte hacia el suelo. Tratas de abrir los ojos, pero la blanca luz del techo te deslumbra. Cuando por fin tus ojos se habitúan a la luz, la ves ahí, sentada junto a tu cama. Es Eduviges y su grotesco rostro. Te mira con esos ojos saltones y ojerosos. Mientras se lima las uñas, no para de lanzarte risitas burlonas.

"Ya no te resistas, es lo único que puede salvarte."

"¿Por qué tanta insistencia? ¿Qué más da en lo que yo quiera creer? ¿Que no se supone que aquí trabajan con la ciencia?" La mujer te mira ceñuda y te das cuenta de que tu voz es un poco más audible.

"Esas son las reglas y si no quieres, de una vez dime para llamarle a tu familia y que te saquen de aquí. De todas formas, no vas a durar ni una semana allá afuera."

"Pues sáqueme. Es más, quiero mi alta voluntaria. Ya no quiero estar aquí." La mujer se para de la silla de golpe, visiblemente enfadada. Su cara se pone roja de coraje y parece que va a explotarle.

"¡Si no quieres por las buenas, entonces va a tener que ser por las malas! Te lo buscaste. Te quisimos ayudar, pero ahora vas a estar condenado. Nadie va a venir a salvarte, no vas a salir de aquí." Y dicho eso, se marcha dando pisotones, bufando y azotando la puerta del cuarto tras de sí. Hay algo cómico en esa escena, te recuerda al personaje del cuento "La peor señora del mundo". No obstante, te preocupa lo que decidan hacer contigo. Te da miedo que dejen de administrarte medicamento y que poco a poco empiecen a dejarte morir. Entonces la luz se apaga y todo queda en una oscuridad total, con excepción de las luces parpadeantes que emiten las pequeñas pantallas de las bombas. Notas por debajo de la puerta que una tenue luz se cuela y eso te hace pensar que el pasillo aún está iluminado. De pronto comienza a bajar la temperatura y hace frío. Tratas de mover una pierna y, para tu sorpresa, esta responde, luego mueves la otra y también responde. Tienes el impulso de bajar de la cama, pero no sabes si tus piernas son capaces de sostenerte. Aun así, decides intentarlo y funciona. Tus delgadas piernas logran sostenerte con firmeza así que empiezas a quitarte los cables y el catéter. Bajas de la cama y observas que, aunque todo está iluminado por la luz blanca espantosa, hay una extraña oscuridad que pareciera tragársela haciendo que la iluminación se vea escasa y opaca. Sales de la habitación y miras a ambos lados del largo y lúgubre pasillo. No hay nadie, solo te acompaña el silencio. Volteas de nuevo a tu derecha y ves que la habitación de al lado está oscura, no logras distinguir nada así que te asomas, pero la densa penumbra se ha tragado todo rastro de luz. Te diriges entonces a la habitación que da al lado izquierdo de la tuya y ocurre lo mismo. No es posible ver siquiera las camillas. Sigues avanzando por el pasillo y notas que todas las habitaciones lucen el mismo aspecto, son como bocas de lobo. *¿Seré el único paciente del pabellón?*

Al fondo del pasillo ves una escalera. *Debe conducir al piso de arriba…* Sientes curiosidad por subir y ver si hay alguien con quien puedas hablar, alguien que te ayude a contactar a tus padres, a tu hermano o a Él. Caminas por el largo pasillo que conduce al pie de la escalera y de pronto algo te hiela la sangre: un par de patas de cabra se dibujan entre las sombras de la frágil luz del lugar. Van bajando uno a uno los escalones. El techo no te deja ver la figura completa, pero conforme las patas van descendiendo, ves que es una figura humanoide la dueña de ese par de piernas animales. Pronto la silueta se muestra por completo y observas a un ser oscuro, de rojos y brillantes ojos que resplandecen con intensidad. De su cabeza nacen dos cuernos negros retorcidos y sus largos dedos rematan con largas y afiladas garras.

El ser camina despacio hacia ti de manera amenazante. Te está cazando cual depredador. Su penetrante mirada no te pierde de vista. Sientes un frío que te cala y paraliza, te detienes en seco mientras el espectral ser se sigue acercando. Quieres correr, pero otra parte de ti te dice que esperes, sientes curiosidad por saber qué es aquella figura de pesadilla, y a pesar de que tienes miedo, no es tan grande como para hacerte huir despavorido. Así que aguardas y en cuestión de segundos se encuentra de pie junto a ti. Es alto, mide casi dos metros. Su raquítico cuerpo cubierto por piel negra como carbón y abundante pelaje espeso le confiere un aspecto bestial a pesar de tener cara humana. *Así que tú eres el demonio que habita este lugar, tú quieres que yo me quede aquí...*

El espectro te mira enojado. Sientes que va a atravesarte con sus zarpas y a escupirte una enorme bola de fuego en la cara, pero no lo hace. Solo permanece frente a ti dando vueltas furioso de un lado a otro mientras jadea y te gruñe. *¿Por qué no puede acercarse?* A pesar de que el miedo sigue presente y te mantienes alerta, por alguna razón, aquella escena, después de unos minutos, deja de ser espeluznante. Entonces se detiene frente a ti, te mira desde arriba y te grita; suena más a un bufido de gato, una especie de silbido ahogado que no deja de sonar intimidante. De su boca sale una humareda de cenizas calientes que te pegan de lleno en la cara y te provocan tos, pero no te lastiman. El pasillo ahora se ha llenado de humo y la figura de aquel ser se mimetiza con el mismo, haciéndolo parecer una silueta etérea y vaporosa difícil de ver.

Mientras el demonio sigue iracundo tratando de acercarse a ti sin éxito, recuerdas aquel cuadro espantoso que retrata a un par de hombres siendo atravesados por los cuernos de un carnero negro de ojos rojos y entiendes todo. *Así que te alimentas de los pacientes que no logran sobrevivir, ¿cierto? Esperas a que mueran para poder seguir con vida, te conviene esperar a que la enfermedad los consuma y ellos los guardan para ti…* Un bramido colérico y violento sale de su boca provista de afilados colmillos y sus ojos se tornan de un rojo intenso. Lo has hecho enojar aún más. *Tú eres el carnero del cuadro, eres tú quien hace que los chicos que internan aquí no sobrevivan y cuando mueren, te los llevas…* La conclusión te resulta más espantosa que la figura demoníaca frente a ti. *Por eso me trajeron aquí, estás esperando que yo muera…* Y entonces llegas al límite de su paciencia. El oscuro ser emite un rugido estremecedor y se abalanza sobre ti. Cierras los ojos esperando sentir sus pezuñas desgarrando tu carne, pero justo antes de tocarte una onda de luz sale de tu cuerpo disparando a la criatura varios metros lejos de ti. El humo que hasta ahora tiene invadido el lugar se disipa y puedes ver todo otra vez. *Ya no luces tan amenazante.* El demonio se arrastra por el suelo, al parecer tiene las piernas rotas, pero conserva la misma fiera actitud del inicio. Aunque sigue teniendo un aspecto espeluznante, ya no te eriza la piel ni te da escalofríos.

"¡Ahí estás!" Escuchas tras de ti. "Te hemos estado buscando. No sabíamos a dónde te habías ido." Ves a una mujer joven acercándose, acompañada de tres personas más que luego identificas como hombres, jóvenes también. Todos llevan una especie de traje militar negro, con chalecos, botas, protecciones en el pecho y guantes, muy parecido a los uniformes que usan las fuerzas especiales de las películas. "Nunca había visto tanta luz en alguien. Eso fue lo que nos ayudó a encontrarte." Los cuatro sujetos se acercan y, pese a estar seguro de jamás haberlos visto, hay algo familiar en sus rostros que te hace sentir confianza.

"¿Y qué vamos a hacer con ese?" Uno de los hombres, el más alto, señala al demonio que todavía yace en el suelo bufando.

"Ah, ese… Míralo, el pobre cree que da miedo." Parecen muy acostumbrados a ver ese tipo de criaturas. "Vamos a desaparecerlo, este es de los comunes y corrientes". La mujer y los tres hombres se colocan alrededor del bestial ser y uno de ellos dibuja un círculo de sal a su alrededor para acorralarlo. *¿Sal? ¿De verdad?*

"Sí, sal." No sabes cómo, pero uno de ellos, el que echa la sal, logra escuchar tus pensamientos. "No les gusta." El demonio trata de romper el círculo con la mano, pero esta rápidamente comienza a arderle causándole pústulas y llagas en la negra y peluda piel. Los cuatro colocan la mano derecha al frente señalando al demonio y empiezan a entonar un cántico extraño, un sonido gutural bastante grave que resuena en todo el lugar con fuerza, como si vibrara.

"¡Tienes que irte!"

"¿Pero a dónde?"

"Sigue el pasillo, ya no puedes estar aquí, ¡corre!" Hay mucha urgencia en la voz de la chica, pero tu curiosidad quiere saber qué pasará con el demonio. Así que esperas un poco más. Mientras más fuerte y alto entonan el cántico, más se retuerce el demonio. Su cuerpo empieza a calcinarse y a transformarse en cenizas al rojo vivo que se arremolinan dentro del círculo de sal hasta que estas se disuelven en el aire como humo. El demonio se ha ido.

"No puedes seguir aquí, este lugar no es donde debes estar. Ha sido muy difícil dar contigo, pero nos mandaron a buscarte. Hay mucha fuerza que te protege, pero por favor vete."

"¿Y no vendrán conmigo?"

"No. Debemos limpiar este lugar, hay muchas más de esas cosas aquí y no podemos arriesgarnos a que te encuentren porque no se detendrán, por favor vete." Notas mucha autoridad en esas palabras y no tienes oportunidad de rebatir. Tienes muchas preguntas, pero les urge que te vayas. Das media vuelta y caminas por el largo pasillo que ahora parece más iluminado que antes, vuelves la mirada hacia atrás para ver a ese cuarteto de extraños que llegaron a salvarte y les dices adiós con la mano. Te devuelven el gesto. No entiendes qué ha pasado, pero sigues caminando. A lo lejos oyes un ladrido conocido. *¿Guapo?* A los pocos metros ves la silueta de un perro pequeño, parecido a un schnauzer. *¿Eres tú?* No logras distinguir muy bien a contraluz, pero estás seguro de que es él. Guapo te sigue ladrando, quiere que lo sigas y se echa a correr. Lo persigues mientras te guías por su agudo y nervioso ladrido. *¿A dónde vamos?* Sigues tratando de alcanzar al perro. Ves cómo su figura y su ladrido se vuelven remotos hasta que una luz cegadora aparece; la atraviesas y un gran destello te envuelve llevándote, al fin, muy lejos de ahí.

Diez
el templo de la luz

Un paisaje se dibuja frente a ti. Estás en medio de una planicie al pie de una montaña, no sabes dónde y tampoco hay nadie más a quien preguntarle. El cegador resplandor ha desaparecido y ahora te pega una suave y cálida luz de atardecer que parece pintar todo de un tono dorado. Tu única compañía es el suave viento que sopla y un sonido más lejano que al inicio no logras identificar, pero después reconoces que se trata de un ladrido que ya habías oído antes. Volteas hacia los lados tratando de identificar de dónde viene el sonido y de pronto tu vista se detiene en una formación rocosa varios metros lejos de ti al pie de una montaña. *¿Guapo? ¡Sí, eres tú!* El perro te ladra desde ahí y te apresuras a alcanzarlo mientras te abres paso entre las espigas de pasto seco. Finalmente, llegas a un sendero al pie de la montaña y subes. El ladrido del perro sigue ahí, como una melodía en segundo plano.

Luego de caminar varios metros, te das media vuelta para contemplar el paisaje a tus espaldas y todo lo que puedes ver es una vasta extensión de campo que se mueve al compás del viento. Entonces un ladrido jala de nuevo tu atención y ahí, más adelante, ves al schnauzer bigotón instándote a seguir subiendo. Continúas ascendiendo por el rocoso y serpenteado sendero. Al mismo tiempo te acuerdas de la extraña experiencia en el hospital. Por un momento te cuestionas si fue algo real o producto de tu imaginación. Todo es confuso. Por instantes pierdes la noción de lo que es real y lo que no, entonces recuerdas que tu cuerpo está allá, lejos, y ese que está ahí subiendo por una montaña también eres tú. Ambos son reales. Recuerdas entonces lo del hilo de plata que te explicó el ser de luz y te llevas la mano a la nuca. Con alivio, compruebas que sigue ahí y eso significa que no has muerto.

Sigues y la única guía para no perderte son los ladridos de tu perro que a veces parecen cercanos y otras más lejanos. *No tan rápido, espérame.* Sientes cómo, por momentos, te agotas, así que bajas la velocidad y en algún punto decides detenerte y sentarte sobre una formación rocosa para recuperar el aliento. Observas el lejano paisaje de abajo. Has subido mucho y ni siquiera te diste cuenta. A lo lejos, en el horizonte, vuelves a ver aquel extraño resplandor de luz que ya habías visto antes en el árbol de las brujas. No sabes todavía qué es, pero te da cierta calma darte cuenta de que sigue ahí. Un ladrido sonoro te saca de tu lapsus y de nuevo está tu perro más allá, apurándote. Poco a poco comienza a anochecer y notas cómo el sendero se ilumina por una suave y cálida luz que emana de algún sitio que desconoces, pero que te permite ver lo suficiente como para no tropezar. No hace frío, solo sopla un viento fresco.

A lo lejos puedes notar un resplandor proveniente de una construcción que no logras distinguir muy bien en lo alto de la montaña. Tal vez es una casa. Piensas que no te vendría mal un lugar cómodo para pasar la noche en lo que descubres a dónde ir o quizá cómo encontrar a aquel ser de luz que pareciera hace años que no ves. Sigues subiendo por el sendero de piedras y después de otro buen rato al fin llegas a una especie de templo hecho de roca, arcilla y adobe. La entrada es una enorme puerta de madera que huele a viejo y a tierra mojada, flanqueada por dos torres de las que nace una alta muralla: rodea todo el lugar y en sus paredes alberga pequeños nichos que tallaron en la misma piedra donde hay cuencos dorados vacíos. En lo alto, a cada lado de la puerta sobre los muros que la sostienen, también hay dos grandes vasijas color oro que, a diferencia de los otros recipientes, fungen como lámparas de donde nace un fuego crepitante y más luminoso que cualquiera que hubieras visto antes. Al interior de la gran muralla hay un enorme patio central que puedes ver desde la entrada y entonces notas a Guapo esperando en el centro, muy sentadito al pie de una escalinata que conduce a los niveles superiores y donde aguarda sentada también una figura alta, alargada y luminosa. *¡Te encontré!* El ser, que acaricia al perro con sus manos de filamentos luminosos, gira la cabeza hacia ti y puedes ver de nuevo ese vacío infinito que hace de rostro y se asemeja a una galaxia. Aprietas el paso y te acercas hasta la escalinata. No sabes qué decir, pero estás sonriendo. Guapo emite un pequeño ladrido en señal de victoria, te brincotea entre los pies y luego se echa en uno de los escalones.

El ser de luz se pone de pie. Habías olvidado cuán alto era. Ambos se miran y, casi por puro instinto, tu primera reacción es abrazarlo. Es tan alto que apenas y logras llegar poco más arriba de su cintura. El ser te abraza con ternura. *Pensé que no iba a volver a verte…*

“Yo sabía que me encontrarías. Lamento no haber podido estar contigo y ayudarte a salir de ahí…”

“Tuve mucho miedo. Por un momento pensé que me quedaría ahí.”

“Lo sé. Afortunadamente llegó ayuda… Traes mucha protección contigo, eres afortunado.”

“¿Protección? ¿De quién?”

"De muchos. Es mucha luz." No estás entendiendo nada de lo que dice y él se da cuenta. "Ven, acompáñame." Ambos se dirigen a un costado de la escalinata donde hay un largo pasillo que conduce a una serie de pequeños patios concéntricos. Volteas para llamar a Guapo, pero no obtienes respuesta.

"Él ya no nos va a poder acompañar."

"¿Por qué? Me hizo mucha ilusión volver a verlo."

"Yo sé. Pero él también está dando servicio a otros."

"¿Servicio?"

"Sí, lo mismo que yo estoy haciendo contigo. A eso me refiero cuando digo que tienes mucha luz cuidándote. Guapo es parte de esa luz. Era el único ser en quien sabía que confiarías sin cuestionar y lo seguirías. Decidió ayudarme cuando supo que se trataba de ti. Se convirtió en una especie de guardián."

"Recuerdo cuando se fue. Nunca en mi vida había llorado tanto. No sabía que se podía llorar así por un ser tan pequeño."

"Así de doloroso es perder uno de los pocos amores verdaderos e incondicionales que los humanos pueden experimentar en su breve paso por el mundo."

"Me habría gustado poder abrazarlo…"

"¿Sabes por qué murió?"

"Por una enfermedad congénita que le provocaba convulsiones, dijeron que era inevitable."

"Me refiero a la verdadera razón…" Otra vez se da cuenta de que no sabes de lo que habla. Pero es paciente y te explica. "Yo tampoco lo sabía, pero me lo contó y me pareció un gesto muy noble. Él decidió protegerte con su vida. Sabía que algo iba a pasar contigo y decidió absorber gran parte de esa energía para que no te dañara."

"¿Me estás diciendo que se sacrificó?"

"Lo hizo por amor y porque era uno de los propósitos en su vida. Esa era la razón más importante de su existencia. Ningún ser que se ha cruzado en tu vida ha sido una casualidad. Todo tiene una razón. Tú tampoco has sido una casualidad en la vida de los demás." Saber eso solo te provoca más ganas de querer salir corriendo para buscar a Guapo y abrazarlo. Una gratitud inmensa te inunda por dentro. Mientras ambos continúan caminando por los calmados patios concéntricos del templo que se sienten infinitos, reflexionas que la muerte de tu perro fue muy extraña, precipitada. Ocurrió de un momento a otro, demasiado rápido. Pero no habías podido encontrarle una explicación hasta ese momento.

"Cuando él me lo contó, entendí muchas cosas sobre ti y tu objetivo en este lugar. Pienso que, al igual que él, es probable que tu experiencia en este sitio sea parte de alguna misión que debas cumplir para hacer algo importante. Algo que te trasciende incluso a ti."

"No sé si eso me da alguna nueva pista acerca de lo que debo hacer aquí…"

"No te presiones. Lo sabrás. Lo importante es que estás aquí y me da gusto."

"A propósito de eso… aún no logro entender qué fue lo que pasó en ese lugar que se parecía al hospital, pero no lo era. Por un momento creí que había regresado a mi cuerpo, pero esa criatura con cuernos… ¿realmente era un demonio?"

"Nadie está exento de caer en algún bajo reino. Un hospital, por ejemplo, es el portal perfecto para que varios reinos, de luz y oscuridad, convivan en un mismo espacio. En los hospitales se juntan los rezos de quienes piden por algún enfermo y que sirven para llamar a ciertos seres de luz; pero también hay otra clase de entidades oscuras y de reinos inferiores que están esperando alimentarse de la energía de aquellos que enferman, sufren o mueren. Les atrae mucho la luz de ciertos humanos porque eso significa alimento. Muchas de esas entidades solo quieren seguir en ese plano material y disfrutar de los placeres mundanos, algunas incluso pueden llegar a buscar un cuerpo físico."

"¿Y por qué no fuiste a buscarme?"

"Todo fue muy rápido. Te perdiste de repente y no me dio tiempo de reaccionar. Además, aunque pertenecen a reinos oscuros, muchas de esas entidades saben qué hacer para impedir que sus presas sean encontradas por la luz. Yo no pude acceder ante tanta oscuridad. Me tenían bloqueado, aun así, intenté muchas cosas para buscarte. Todavía podía sentirte, pero estabas muy lejos de mí y tu miedo hizo más difícil el rastro. Así que tuve que confiar en tus protectores, personas que allá, del otro lado, te cuidan."

"¿A eso te refieres cuando dices que hay luz cuidándome? ¿A todas esas personas que me quieren?"

"Así es. Ellos y su luz te salvaron. Quienes te encontraron se manifestaron gracias a la protección que alguien o un grupo de personas han puesto sobre ti. Por eso pude enviar a Guapo a buscarte. Los animales, al ser consciencias pequeñas, pueden colarse en la oscuridad sin ser detectados. El bloqueo se había ido, ya no tenías miedo y fue más fácil seguir tu rastro. Sin embargo, no podía ir a buscarte, porque existimos seres que por nuestra naturaleza no podemos acceder a ciertos reinos. Si hubiera ido, me habría desintegrado."

"¿Y ellos podrían venir aquí?"

"No, no pueden. También hay reglas para ellos."

"¿Y cómo funciona esa luz que me protege?"

"Son las intenciones con las que te la han dado y que se alimentan desde el amor y afecto de quienes las dedican para ti. No hay magia ni mayor explicación. Es solo amor y lo mucho que les importas."

"¿Y ya?" El ser asiente suavemente y ambos se detienen en uno de los patios frente a un gran muro que, al igual que todas las paredes del templo, también tiene nichos con cuencos apagados. La luz que ilumina el lugar envuelto por la noche proviene solo de algunas flamas y farolas de aceite salpicadas por todo el lugar.

"Hay alguien que hace días te tiene muy presente y creo que presenciar lo que voy a mostrarte te hará entender mejor el poder de las intenciones…"

De pronto, en medio del patio, aparece del éter una especie de altar de metal que contiene muchos vasitos con velas encendidas, excepto una justo en medio de las demás. Tú y el ser se encuentran detrás del altar, frente una puerta por donde se ve a contraluz la figura alta de un hombre que entra al lugar. Miras a tu alrededor y sobre ese patio del templo se ha sobrepuesto, como si fuera un holograma, la imagen de una capilla. De ambos lados ves pequeñas ventanas por donde entra la luz que ilumina las bancas y el pequeño altar con las velas. Aún puedes distinguir el templo y sus paredes con nichos. Es como si estuvieras presenciando una realidad virtual. La figura del hombre se sigue acercando y cuando llega frente a las velas, puedes reconocerlo.

"¿Esto está pasando o es algo que ya pasó?"

"Es una memoria, su memoria. Pasó hace un par de días. Por alguna razón tiene una conexión contigo. Una conexión peculiar. ¿Son cercanos?"

"Se llama David, trabaja en la editorial que me publica. No trabajo con él directamente, pero hemos tenido muy buena relación desde que soy autor ahí. Y es cierto, siento mucha afinidad con él, es como si nos conociéramos de mucho tiempo a pesar de haber convivido tan poco. Le tengo mucho cariño al igual que a varias personas de mi editorial, mis editoras, por ejemplo, son como las tías que nunca tuve... *¿Por qué él está aquí?*' La curiosidad te invade y te vuelves un observador sigiloso. Ves al hombre hincarse en una de las bancas frente al altar y juntar las manos. Está rezando. Te es difícil verlo y no poder abrazarlo como de costumbre al saludarlo, porque así es él, saluda a todas las personas con un fuerte abrazo. Aunque no pronuncia palabra alguna, sabes por qué y por quiénes reza. Les agradece y agradece muchas otras cosas. Sabes que no puede verte y aun así caminas con sigilo, como evitando hacer el menor ruido que interrumpa ese momento sagrado e íntimo. Te hincas junto a él y lo observas. No se nota, pero hay una preocupación en su interior que también tiene que ver contigo. Es una sensación que le atraviesa el pecho y te dibuja en su mente. Pide por ti, lo hace con mucha fe. Hay fuerza y cariño en su rezo.

Cuando acaba de entablar esa conversación personal y secreta con lo divino, abre los ojos, se pone de pie y toma uno de los palillos de madera para encender la última veladora que queda. Es como si esa última vela lo hubiera estado esperando para ser encendida solo por él. La prende y sientes una onda de calor que sale de la flama y se expande por el lugar pegándote de lleno en el cuerpo. No sabes si él también lo ha experimentado, pero fue como sentir uno de sus abrazos.

El hombre contempla la vela unos instantes y luego da media vuelta para marcharse. Lo ves alejarse y salir de la capilla con más calma y menos pesadumbre. Su gesto te conmueve y derramas un par de lágrimas.

"Ahora toma la vela que él ha encendido para ti." Te acercas al altar y con cuidado tomas el pequeño vaso de cristal. La capilla virtual desaparece y de nuevo estás en medio del templo, en uno de los patios. El ser de luz te indica que te acerques a uno de los nichos y que enciendas el cuenco con el fuego de la vela.

Acercas el pabilo y casi de inmediato se enciende y todos los demás nichos de las paredes del templo lo hacen en una reacción en cadena. En cuestión de segundos el lugar se convierte en un templo de luz infinita con miles de cuencos encendidos albergando un fuego intenso y hermoso.

"Así es como funciona el poder de una sola intención. Desata una reacción que no puede detenerse en su propósito. Eso han hecho tantas intenciones juntas contigo. Tú eres como estos cuencos; y esa vela, las intenciones, el combustible que impide que te apagues. Tienes que hacer algo con esa luz que se te está dando."

"¿Y si no puedo o no sé qué hacer? Tal vez no haya nada que hacer…"

"Tal vez, pero sigues aquí, tampoco te has ido del todo. Sigues en medio y eso debe significar algo. Una parte de ti tampoco quiere irse todavía de aquí." El ser te mira con cierta insistencia como si esperara una respuesta, pero no sabes qué decir. "He notado algo curioso mientras te he acompañado; nunca te has preguntado para qué estás aquí. Es decir, no de manera consciente y con la genuina intención de conseguir una respuesta. Te has dejado llevar de una realidad a otra, de un pensamiento a otro, y casi siempre terminas rumiando la idea de no saber qué hacer. Tal vez ya es momento de que quieras encontrar respuestas de verdad, no importa si al final decides o no volver, pero deja ya de dar vueltas en círculos." Sus palabras no son un regaño, pero hay cierta seriedad en ellas. El momento se ahoga en un silencio incómodo. Necesitas encontrar una respuesta y entonces lo aceptas.

"Creo que en realidad todo este tiempo he sentido miedo de no poder llevar a cabo lo que debo hacer. Me da miedo alejarme más y perder la oportunidad de volver, aunque otra parte de mi esté aterrada de hacerlo. Tal vez por eso le he dado tantas vueltas."

"¿Es que no te das cuenta? Ya estás muy lejos. Cuando despejes el miedo, entonces sabrás hacia dónde ir. Eventualmente nada podrá impedir que cumplas tu función. Todas las cosas y seres siguen un ciclo natural que no puede dejar de llevarse a cabo, puede pausarse, retrasarse e incluso ignorarse, pero jamás evitarse. No lo prolongues más."

"¿Y cuánto tiempo me queda?"

"Hasta donde tu cuerpo aguante. Allá, del otro lado, hacen todo lo que está a su alcance para mantenerte con vida. Tu cordón de plata sigue conectado a tu cuerpo, pero me temo que eres tú quien está prolongando su estadía en esa cama de hospital. Sabes que puedes volver y quizá despiertes y continúes, pero perderías esta oportunidad, por ahora, y como lo mencioné una vez, más adelante ocurriría algo más que te obligue a volver y terminar lo que empezaste. Y si en esa ocasión decidieras rechazarlo también, volvería a ocurrir otra situación en el futuro que te traiga de regreso, y así en un ciclo que se repite hasta que por fin decidas completar lo que debes hacer aquí." Sus palabras resuenan en tu interior como un eco estridente y se sienten como una advertencia.

"Quiero hacerlo, sea lo que sea. Y después veré qué hacer conmigo, pero dime cómo."

El ser te guía a un cuenco apagado sobre las manos cruzadas en el regazo de una estatua muy parecida a un Buda. La estatua parece mirarte como incitándote a hacer algo.

"Así como la vela lo esperaba a él, este cuenco lleva mucho tiempo esperando por ti y solo tú puedes encenderlo."

"¿Y qué va a pasar cuando lo encienda?"

"No lo sé, pero, pase lo que pase, deja que la luz haga su trabajo. Confía en ella..." Buscas un palito que puedas encender para prenderle fuego al cuenco, pero no encuentras nada cerca y la pared donde está empotrada la gran escultura es la única que no tiene nichos.

"No necesitas fuego para encenderla. Solo usa tu intención, la intención tiene mucho poder, acuérdate."

"¿Solo es querer y ya?"

"La intención es mucho más que querer, es una voluntad incuestionable, contundente, una orden que no tiene oposición. Pon toda tu atención, concéntrate en toda tu intención." Las últimas palabras del ser de luz se dispersan como un eco cósmico.

"Quédate conmigo." El ser asiente y pone su etérea mano sobre tu hombro. Cierras los ojos y te concentras en el cuenco. A tu mente viene la imagen de tu cuerpo en la cama de hospital y los rostros de tus médicos y enfermeras. Luego aparecen tus padres y tu hermano, tus amigos y gente del trabajo que quieres y aprecias, entre ellas a tus editoras. Extrañas a muchas personas y sabes que te extrañan. Verlos, aunque sea solo en tu mente, te reconforta. Guapo vuelve y sonríes, revolotea en tu escenario mental, luego se aleja y recuerdas entonces la conmovedora escena de David encendiendo una vela por ti. Su imagen te inspira confianza y te hace sentir paz. Luego se desvanece y aparece el rostro de Él, sonriéndote y mirándote como siempre, con ese amor que se le desborda por los ojos y cada poro de la piel. Tu corazón se emociona y una sensación cálida te abraza. No puedes haber llegado hasta ahí para nada. Siempre dices que todo el mundo tiene un propósito y piensas que el tuyo tal vez está ahí, delante de ti, y que todo eso por lo que has pasado te ha llevado justo a ese momento en el que debes estar, porque ese instante es el único importante. El miedo se aleja y aunque no hay respuesta para todas tus preguntas, no te importa. Algo en ti sabe que vas a encontrarlas. Entonces en tu mente se dibuja esa línea de luz que siempre ves en el horizonte y una fuerza interior te envuelve y la conviertes en fuego sobre el cuenco. Abres los ojos y ahí está, brillante y libre. El cuenco está encendido y su luz y calor van en aumento al tiempo que el fuego en todos los demás nichos del templo aumenta su intensidad. El brillo y la luz comienzan a cegarte y el resplandor hace que todo sea difícil de ver a tu alrededor. Pero ya no hay miedo. Sin poner resistencia, dejas que la luz te envuelva y te sumerges en ella, como un pez que se entrega a las aguas de un océano misterioso que está dispuesto a recorrer.

Once
los instantes

Un intenso resplandor proveniente de la luz que emiten muchos reflectores frente a ti te deslumbra y tardas un poco en reconocer el lugar en donde estás. Es un enorme recinto abarrotado de gente y tú y el ser de luz son parte del público. Parece un concierto.

"¿A dónde nos has traído?" No sabes qué responderle porque no tienes idea. *Yo ya estuve aquí.* Volteas hacia tu lado derecho y en las butacas ves a dos niños de entre doce y trece años que te son muy familiares. Están acompañados de una mujer que reconoces de inmediato. *Mamá.* Observas con más atención a los niños que van con ella y te das cuenta de que son tú y tu hermano. Ambos felices y emocionados. Volteas al escenario y ves tocar a una banda española de rock pop. Es tu grupo favorito. Sonríes y dejas que la emoción te invada. Verte a ti y a tu hermano así de felices te reconforta y por un instante olvidas que estás en una cama de hospital. Se siente como estar vivo del todo otra vez. Nada más es importante, solo estar ahí y sentir la música envolver cada fibra de tu cuerpo y tus sentidos. Es como si pudieras saborear cada nota, cada palabra.

"¿Ya sabes a qué hemos venido aquí?" Habías olvidado que el ser aún estaba a tu lado.

"Creo que vine aquí a recordar a qué sabe la felicidad." Gritas para que te escuche en medio de tanto ruido. Entonces volteas y tu mirada y la del chico a tu lado, que eres tú, se cruzan por un instante. Él te sonríe inocentemente y tú le devuelves la sonrisa con ternura. Él está muy contento viendo tocar a su banda favorita y cantando como para darse cuenta de que lo miras con cariño. Su felicidad tan desbordada abraza algo en tu interior y sientes inmensas ganas de cuidarlo para que jamás le pase algo, pero luego, de manera fugaz, te avergüenza saber que esa es una promesa que no vas a poder cumplir. *De cualquier forma, va a pasar mucho tiempo antes de que eso ocurra...* Piensas que lo mejor es dejar a ese adolescente disfrutar del momento. Vuelves la vista al escenario, la multitud se convierte en una ola de aplausos y gritos. De nuevo la luz de uno de los reflectores te da en la cara quitándote visibilidad por unos pocos segundos que son suficientes para luego darte cuenta de que estás en un lugar diferente. El ser y tú ahora están de pie frente a la puerta de entrada de la casa donde vivías con tus padres. Delante de ustedes está un joven de espaldas. De inmediato te reconoces. Ha pasado el tiempo, ya no eres ese chico de trece años con cara de niño que viste en el concierto momentos antes, ahora tienes veintiuno. Eres más alto, más fornido y notas que llevas en las manos una pequeña caja de zapatos cerrada. Al instante recuerdas ese momento y lanzas una sonrisa cómplice al ser de luz que sigue sin entender nada.

"Veo que ahora sí sabes dónde estamos."

"Sí, aquí vivía con mis padres."

"¿Y a qué hemos venido?"

"Solo observa, te va a gustar..."

Ves a tu yo joven sacar las llaves de su bolsa derecha del pantalón mientras, con la otra mano, sostiene cuidadosamente la caja porque sabes que lo que contiene es frágil. Los tres entran a la casa. El ser y tú toman asiento en el sofá grande de la sala y desde ahí ves a tu padre en la cocina, preparando la cena. Te saluda con cariño y te pregunta por la caja que llevas, tú le lanzas una sonrisa traviesa y sin aguantarte las ganas se la muestras. Tu padre se acerca a la mesa del comedor donde colocas la caja y, al abrirla, se asoma un cachorro schnauzer, tan pequeño que cabe entre tus manos. Tu padre te mira con una mezcla de sorpresa y alegría. No lo puede creer, pero tampoco se molesta, al contrario, se empieza a reír junto contigo. Ambos observan a tu madre bajar las escaleras y al verlos riendo pregunta el motivo y la miran como dos niños que saben que han hecho una travesura, pero no pueden aguantarse la risa. Tu madre se acerca a la mesa y al ver al cachorro, su primer impulso inconsciente es molestarse, pero luego al ver al animal tan pequeño y dormido entre los trapos que hay dentro de la caja, se enternece y comienza a acariciarlo. Resulta cómico ver su repentino cambio de humor y toda la escena desde afuera. Al instante, tu hermano se acerca y, sin poder creerlo, te mira contento y la sonrisa en sus labios lo confirma. Sabes que uno de sus anhelos más grandes en aquella época era tener un perro. Entonces tomas al cachorro con cuidado y se lo entregas a tu hermano para que lo cargue. Te pregunta cómo pasó y les cuentas que fuiste por él a casa de un amigo cuyos perros tuvieron bebés y decidió regalarte uno.

"Recuerdo que pasamos mucho tiempo convenciendo a mis padres para que nos dejaran tener un perro. Ya habíamos tenido mascotas antes, pero solo conejos, cuyos y peces. Decían que un perro era mucha responsabilidad, pero se dio la oportunidad y decidí tomarla. Además, necesitábamos la alegría de tener una mascota."

"¿Y por qué has decidido volver a visitar estos momentos de tu vida? ¿Te das cuenta de que esta memoria y la anterior tienen algo en común?"

"Lo sé. Son recuerdos felices. Momentos en los que experimenté genuina alegría. Cuando estábamos en el templo y logré encender el cuenco con el poder de mi intención, lo único que vino a mi mente cuando cerré los ojos fue la palabra FELICIDAD y creo que eso me trajo aquí, aunque no sé muy bien para qué todavía..." Mientras respondes, observas la escena: todos lucen contentos por la llegada de un nuevo integrante a la familia. Eso te da paz y una muy agradable sensación reconfortante te invade. Escuchas a tu mamá preguntar cómo van a llamarlo y tú y tu hermano sin dudarlo responden "Guapo" al unísono.

Lo que sigue es un vistazo en cámara rápida a las primeras semanas con Guapo en tu familia: sus primeros pasos, su primer baño, enseñarlo a comer, jugar y un montón de cosas que disfrutas ver y recordar.

"Necesitaba esto. Se siente como haber vuelto a casa, aunque haya sido solo por un instante, pero fue más que suficiente." El ser y tú se levantan del sofá y se dirigen a la puerta, él la abre y sale detrás de ti. Antes de irte, echas un último vistazo a ese recuerdo feliz que algo reparó y sanó en tu interior. Sonríes con cierta nostalgia y cierras la puerta.

***

Al salir de la casa, entras a otra habitación donde te ves sentado frente a la computadora. Es tu recámara, en otro hogar donde también viviste con tus padres. El ser de luz se encuentra sentado en la cama cubierta con un edredón amarillo suave y acolchado.

"Esto fue en años recientes, ¿verdad? Ahora luces diferente."

"Supongo que sí." Te sientas junto a él y te ves de espaldas revisando cosas en el monitor. "Creo que fue poco antes de irme de casa de mis padres. Había mandado un manuscrito de un libro a muchas editoriales, creo saber qué día es este..." Te acercas a tu yo más joven y lo observas con atención. Notas que en ese entonces aún tenías cara de niño a pesar de tus veinticuatro años. Entonces tu yo frente a la pantalla del ordenador hace una pausa y emite un pequeño suspiro de sorpresa, los ojos se le abren como si no pudiera creer lo que está leyendo y se le llenan de agua. Empiezas a llorar, pero no es de tristeza, sino de júbilo y alegría. Ves lo que dice la pantalla y lo recuerdas todo.

Hola, Alex,

Te escribe Dania Mejía de Penguin Random House. El motivo de este correo es para informarte con mucha emoción que estamos muy interesados en publicar tu manuscrito Se curan rotos, descosidos y deshilachados. *Nos gustaría tener una reunión contigo para explicarte algunos detalles y poder iniciar el proceso de contratación. Si estás interesado, te agradecería que me avises qué día de la semana que viene te queda bien para poder charlar.*

Saludos,
Dania.

Las lágrimas brotan de tus ojos mientras una sonrisa te maquilla el rostro. No puedes creerlo, pensabas que jamás te iban a contestar, tal y como pasó con otras editoriales. Tu yo de entonces se levanta apresurado y sale de la habitación para contarles la noticia a tus padres que están abajo en la cocina terminando de cenar.

"Fue un día emocionante."

"Uno de los momentos más increíbles de mi vida. Era un hervidero de emociones, quería salir corriendo y gritar de felicidad. Ese día sentí un alivio, fue como ver una luz al final de un camino de complicaciones familiares bastante largo..." Algo en ti se conmueve y comienzas a llorar. Te limpias un par de lágrimas que resbalan tímidas y sonríes. Eres como un padre orgulloso de ver a su hijo triunfar.

"Has logrado muchas cosas y te las mereces." Volteas a ver al ser y le sonríes en forma de agradecimiento. "Es bueno que celebres cuánto has avanzado."

"¿Sabes? Meses antes de entrar al hospital, creo que caí en una depresión que nunca le dije a nadie. Empecé a sentir que nada de lo que hacía tenía el valor suficiente, que quizá no era tan bueno y que tal vez era mejor detenerme. Empecé a dudar de mí, de mi trabajo y todo lo que soy y he construido. Me di cuenta de que lo realmente triste en la vida es cuando dejas de creer en ti. Nadie dejó de creer en mí excepto yo, y no hay desilusión más grande que sentir que eres una decepción para ti mismo. En ese entonces sentí que me hundía en un pozo infinito. Luego empezaron los síntomas de la enfermedad y fue como si me cayera a pedazos poco a poco. Pero estar aquí es reconfortante, es como si volviera a encontrar esas piezas que dejé en el camino y ahora no siento ese vacío."

"Tal vez para eso estás visitando estas memorias, para recordar cómo se sentía ser ese que siempre has sido porque esa es tu verdad." No puedes verlo, pero estás seguro de que el ser te está sonriendo. Puedes sentirlo. Ambos empiezan a oír un barullo fuera de la habitación. Suena a una multitud de gente hablando y música. Se levantan de la cama donde permanecían sentados y salen de la habitación. Afuera ya no está el pasillo que conecta las habitaciones de arriba ni las escaleras, ahora hay un gran sitio con jardines verdes y carpas donde hay mucha gente curiosa viendo libros. Te toma unos momentos ubicarte en el espacio.

"¿Y ahora a dónde nos has traído?" Te pregunta el ser con su apacible voz que siempre transmite calma y seguridad.

"Creo que es la primera feria de libro donde me presenté como autor". Una sonrisa se te dibuja en el rostro. "Ven", le dices emocionado.

Empiezan a caminar entre la gente y los stands de las editoriales con cientos de libros en exhibición. Recuerdas el camino a la carpa donde presentaste aquella vez y llegan en pocos minutos. Ya hay muchas personas sentadas y otras más de pie que no alcanzaron lugar. Ves frente al público una mesa con flores y detrás una gran pantalla que exhibe tu nombre y la portada de tu primer libro. En la mesa se encuentra una de tus editoras, Eli. No tenías mucho tiempo de conocerla y te resulta curioso pensar que en ese entonces todavía no sabías cuánto cariño ibas a tenerle con el paso del tiempo. Tres amigos tuyos que fueron tus presentadores también están en la mesa y tú en medio de ellos. Ves un par de sillas vacías y le haces un ademán con la mano al ser para que se siente junto a ti. Nadie puede verlos y eso te resulta entretenido.

La presentación comienza. Tu editora da unas palabras de bienvenida al público que abarrota el lugar. Mientras la oyes, te miras y ves en tu rostro una mezcla entre felicidad e incredulidad. Es tu primer libro, no eres un autor conocido y llenaste la sala. La satisfacción y sensación de triunfo se te desbordan, por los ojos y la piel. Sonríes. Eres como un pez en el agua, tu soltura al hablar y expresarte resulta muy natural, como si llevaras toda la vida haciéndolo, te admiras y te causa mucho orgullo. La gente está atenta a tus palabras y, aunque es una multitud, logras disimular perfectamente tu nerviosismo. Sabes que lo estás porque constantemente te agarras el mentón y te rascas la ceja derecha. Observar esos gestos desde afuera te parece curioso.

La presentación acaba y todos aplauden, tus lectores y lectoras están felices y ansiosos por obtener una firma tuya. Una enorme fila que rodea la carpa y más allá se extiende y comienzas a firmar uno a uno los ejemplares. El ser y tú siguen sentados contemplando la escena. Estás contento, quieres quedarte ahí en ese momento.

"Este día ha sido uno de los más felices que he vivido. Recuerdo tener la sensación de que todo era posible, nada podía vencerme y estaba muy orgulloso de mí."

"Supongo que además de este día has tenido otros igual de gozosos, ¿no?"

"Sí, pero la felicidad que se experimenta la primera vez que haces algo es incomparable y hoy recordé cómo se siente esa clase de dicha..." Permaneces con la mirada fija en algún lugar del suelo como si ahí se te estuviera revelando una respuesta importante.

"¿Qué ocurre?"

"Nada. Es solo que, por un momento, creí que había olvidado cómo se ve y se siente la felicidad. Creo que necesitaba venir a estas memorias para recordar y sentirla otra vez. Algo dentro de mí necesitaba motivos para demostrarme que todo ha valido la pena..."

"O quizá ha valido toda la alegría del mundo, ¿no crees?" Le sonríes al ser y sabes que él también te devuelve la sonrisa. Volteas a tu derecha y de pronto todo el barullo del tumulto se apaga. Ahí, a unos metros de ti, aparece un sendero de loza parecida al mármol blanco que se dibuja frente a ti. Te acercas y el ser te sigue. El sendero va apareciendo conforme van avanzando y pronto quedan atrás la gente y el ruido de la feria. Ahora todo se transforma en un largo pasillo con paredes de hormigón. El ser y su luminosa figura que ilumina tu andar siguen caminando y allá, al fondo, se alcanza a ver otra puerta flanqueada por dos grandes macetones con frondosas plantas. Cuando estás lo suficientemente cerca de la puerta descubres que es de madera sólida y te parece familiar. La abres y en el interior observas que hay un departamento pequeño y acogedor, alfombrado y con grandes ventanales de piso a techo por donde entra la cálida luz del atardecer que alumbra la estancia con un resplandor dorado. La sala, el comedor, los cuadros, todo te parece muy conocido y entonces lo recuerdas. *La casa de mis abuelos.* De pronto, el comedor se llena de gente: ves a tu padre, tu madre, tu hermano, tu abuelo y tu abuela, que sale de la cocina con una sopera de cerámica que contiene un líquido humeante y de agradable aroma. *¡Lentejas!*

"Tus abuelos paternos, ¿cierto?"

"Sí. Este era su departamento. Mi hermano y yo pasamos mucho tiempo aquí cuando éramos niños. Mi abuela siempre hacía lentejas porque era nuestra sopa favorita." El olor te provoca una sensación reconfortante y, por primera vez en todo este tiempo, sientes apetito.

Te acercas al comedor y ves que hay dos sillas vacías entre tu abuelo y tu abuela. El ser y tú se lanzan una mirada cómplice y se sientan. Sigue siendo extraño y divertido no ser vistos.

"¿Por qué nos has traído hasta aquí?"

"No lo sé, tal vez solo para comer lentejas", y ríes. Tu abuela sirve los platos y para tu sorpresa también te sirve a ti y al ser.

"Ándale, come. Necesitas recuperar fuerza. Come, te van a hacer mucho bien", dice tu abuela, quien te mira con ternura. Al inicio no lo entiendes, pero te das cuenta de que es a ti a quien le habla y no a tu yo niño que está disfrutando las lentejas.

"¿Puedes verme?, ¿cómo?" Ella suelta una risita pícara.

"¡Pues claro que puedo! ¿Por qué no habría de hacerlo?"

"Pues porque tú..."

"¿Porque estoy muerta?" Vuelve a reír. Quieres reírte con ella, pero estás muy confundido.

"Sabía que ibas a venir. Por eso te preparé las lentejas. Come, se van a enfriar." No entiendes nada, aun así tomas la cuchara, la sumerges en el humeante caldo, te sirves un poco, soplas y la llevas a tu boca. El sabor te explota dentro y cierras los ojos mientras te entregas a esa placentera sensación. Saben exactamente como las recuerdas: el sabor de los trozos de tocino, el suave dulzor del plátano macho mezclado con la sal, el comino, el jitomate y la cebolla, todo en perfecta armonía.

"Te están esperando", te dice tu abuela acercándose a ti en voz baja.

"¿Quiénes?"

"Pues ellos, los que te trajeron aquí. Dicen que no debes olvidar tu tarea."

"¿Qué tarea?"

"Pues la que tienes con esos dos", y señala a tu padre y a tu abuelo que platican junto con tu madre.

"Espera... ¿por qué...?"

"Lo sé, es confuso, pero me mandaron para recordarte. En cuanto acabes me regreso."

"¿A dónde?"

"Pues a atender mis asuntos. Así que es mejor que te apures. También del otro lado te aguardan. Nada más están esperando que hagas lo que viniste a hacer aquí para que puedas continuar, pero ya te demoraste. Andas muy distraído en quién sabe dónde."

"¿Qué quieres decir?"

"Pues que solo están esperando que hagas lo tuyo y regreses, claro, si quieres, pero primero lo primero, ya después decides."

"¿Y qué es?"

"¡Ay, qué niño este! Mira, ya saben que estás aquí conmigo. Vendrán por ti cuando acabes. Él también debe ir contigo. Pero, mientras, come." Por un momento te sentiste como cuando tenías ocho años. Sigues comiendo.

"Abuela, aprovechando que te veo... Hay algo que ahora de grande he pensado pero que no pude decirte..."

"¿Qué es, mijo?"

"Creo que me habría gustado poder disfrutar más de ti y de mi abuelo. Muchos de mis amigos ya son adultos y siguen teniendo a sus abuelos con vida y me doy cuenta de que eso es algo que nunca sabré cómo se siente." Tu abuela se limpia elegantemente con la servilleta las comisuras de la boca y te sonríe con dulzura mientras te acaricia la mejilla con sus suaves manos impregnadas de esa crema con aroma a rosas que siempre usaba.

"A mí también me habría gustado verte crecer, pero fui una abuela feliz mientras estuve contigo y tu hermano. Me dio mucha alegría ver al menos su infancia y parte de su pubertad. ¡Pero claro!" Los ojos se le iluminan, es como una revelación. "Ya entiendo por qué me escogieron a mí, yo tenía que escuchar esto que me dices." Ambos sonríen. "Siempre sentí que me tenías muy presente y no sabía por qué."

"Supongo que a medida que mi papá va envejeciendo se parece más a mi abuelo y no puedo evitar pensar en ustedes y en cómo habría sido mi vida adulta teniéndolos conmigo. Habría sido lindo compartir mi adultez con ustedes."

"Tal vez, pero aunque eran niños, tu abuelo y yo sabíamos lo mucho que les gustaba venir a vernos. Era normal que estuvieras en tu mundo y a nosotros nos alegraba verte contento aquí, yendo y viniendo de un lado a otro, incluso que saltaras en mi cama, aunque eso me enojara. Nuestro tiempo fue perfecto y, mira, ahora pudimos encontrarnos otra vez."

"Casi siempre pienso en ti y en el abuelo más que en mi abuela materna."

"Pues tal vez quiere decir que algo debimos haber hecho bien, ¿no? Pero tampoco la juzgues a ella, estoy segura de que también te quiso." Te sonríe de nuevo. "¡Oh, pero qué tonta! Discúlpame, olvido con frecuencia que ustedes ya no necesitan alimentos", agrega. Se atraviesa frente a ti y quita el plato de lentejas que le sirvió al ser momentos atrás.

"Aprecio el gesto. Mi yo humano las hubiera disfrutado mucho", y de nuevo sientes que sonríe aunque no puedes ver rostro alguno en esa faz tupida de puntos brillantes como estrellas. Acabas tu sopa y una sensación reconfortante te invade. Todo está bien. Entonces una pregunta germina en tu mente, pero no te sobresalta.

"Abuela..." Ella te voltea a ver mientras recoge tu plato. "¿Qué pasa si decido no volver?" Hay una pausa. Está pensando en una respuesta asertiva.

"Creo que el mundo y aquellos a quienes dejarías atrás continuarían sin ti. ¿Por qué no quieres regresar?"

"No sé, me da miedo ser una carga si mi cuerpo deja de funcionar como debe y aquí se está muy cómodo y todo parece tan fácil, pero al mismo tiempo pienso que sería egoísta dejar todo atrás..."

"Todo está listo allá para que vuelvas, pero creen que no están funcionando sus esfuerzos porque eres tú quien se ha tardado en arreglar sus asuntos y te ha dado la desidia. No estás muerto todavía, lo sabes, ¿verdad?" Asientes. "Bien, pues primero lo primero y luego piensas en lo demás". Sonríes tímidamente. "¡Qué bien, qué bien! Pues ve, corre, no te demores."

"¿A dónde?"

"Pues allá, afuera. Sal al jardín de atrás y espera ahí, es todo lo que me dijeron. ¡Ah! Y que no te olvides de tu padre y tu abuelo. Ya sabrás qué hacer con eso." No es como que se hayan resuelto todas tus dudas, pero saber que ella tiene más o menos cierta noción sobre a dónde debes ir te da un poco de certidumbre.

El ser y tú se levantan de la mesa. Tus padres, tu abuelo, tu hermano pequeño y tú de niño siguen en lo suyo. Tu abuela los encamina al amplio jardín lleno de plantas y suave césped.

"Abuela, visité la casa de mi tía Chelo. Me encontré a mí, es decir, ahí estaba yo de niño. Sé que ella y tú no eran las mejores amigas, pero quería contártelo..."

"Pues espero que ya no pierdas ni sueltes a ese pequeño. Te será útil aunque ya seas mayor." De nuevo la sonrisa apacible. Te acaricia la mejilla y te planta un beso. "Debo volver adentro, solo me dejaron venir un rato para decirte lo que ya te he dicho. Qué bueno que viniste a verme."

"También me dio gusto verte, no quisiera irme..."

"Pero tienes que. Completa tu tarea, haz lo que debes hacer y no te preocupes por lo demás. Confía." Le regresas un beso en la mejilla y la abrazas.

"Guíalo bien", le dice al ser, quien asiente con gentileza. Se da media vuelta y entra al departamento. Tú y el ser permanecen de pie esperando que algo suceda. Te vuelves hacia la ventana del comedor para ver si tu abuela y los demás siguen ahí y, para tu sorpresa, el edificio ha desaparecido, ahora todo es un gran jardín infinito, frondoso, verde y silencioso.

"¿Y ahora qué?" Miras al ser.

"Ella dijo que debemos esperar."

"¿Sabes? Todo este tiempo me he preguntado por qué no sabes qué es lo que vine a hacer aquí."

"Sí lo sé..." Frunces el ceño y el ser se da cuenta de tu visible molestia y desconcierto.

"¿Y por qué no me has dicho nada? Siento que hemos dado vueltas en círculos. ¡Tal vez ya habría regresado a mi cama en el hospital o quizá ya estaría de vuelta con mi familia!"

"Entonces sí quieres volver" Sus palabras interrumpen tu alterado monólogo.

"¿Cómo dijiste?"

"Que sí quieres volver." Hay un silencio. Piensas en tu respuesta. Sabes que tu subconsciente te traicionó.

"Pues... sí, tal vez sí. Hay muchas cosas que aún quiero hacer, pero no me cambies el tema. ¿Por qué no me has llevado a donde se supone que tengo que ir?"

"Porque parte del proceso es que tú lo descubras y, como has visto, a lo largo del camino tenías otras cosas que resolver. Tu mente te llevó a esos sitios por alguna razón y yo no podía interferir, debo respetar tu libertad de decidir. Solo estoy aquí para guiarte y acompañarte, no para decirte qué hacer."

"Entonces ¿qué sigue ahora?"

"Ella dijo que debíamos esperar. Ven, siéntate. El pasto está fresco y suave." Te acercas y te sientas junto al ser. El silencio es absoluto, pero no incómodo. Tocas con tus manos el pasto que se siente como una aterciopelada alfombra. De pronto bostezas y una pesadez te invade.

"¿Aquí también da sueño?", preguntas con aire cansado. "De repente me dieron muchas ganas de dormir."

"Pues duerme. No hay prisa." Te recuestas sobre el regazo del ser de luz. El suave calor que emite su cuerpo te parece muy reconfortante, como si te arropara con una manta tibia. Tus ojos se cierran muy despacio y, sin saberlo, te entregas una vez más a esa oscuridad que solo desde tu interior puedes ver.

Doce
los vigilantes

Un resplandor intenso atraviesa la oscuridad que cubre el interior de tus párpados. La luz comienza a ser molesta y te obliga a abrir los ojos. De momento te deslumbra, pero cuando logras adaptarte, ves una columna de luz frente a ti en medio de una gran sala vacía. Miras a tu alrededor y notas que el ser de luz no está a tu lado. Te incorporas poco a poco y te estiras. *¿Cuánto tiempo he dormido?* Te acercas con cautela a la gran columna de luz que parece moverse y fluctuar hacia arriba. Mientras te aproximas percibes que emite un calor agradable y descubres que está formada por miles de filamentos luminosos en tonos amarillos, rojos, blancos, azules y naranjas. Quieres tocarlos, pero dudas y te guardas la curiosidad. Te rodea una enorme estancia con muros altos de color azul grisáceo. Observas. Miras hacia arriba y el techo parece infinito hasta convertirse en una especie de nubosidad azulada iluminada por la luz que emite la columna de filamentos.

"Tardaste mucho en llegar." Es una voz femenina, aterciopelada y profunda. "Supongo que hubo algunas distracciones en el camino." Al dar media vuelta ves a una guapa mujer alta, de cabello negro y corto, hermosa piel morena y ojos almendrados. Lleva pantalones amplios color camello, alpargatas negras, una blusa en tono cobre que se convierte en una capa que cae vaporosa un poco más abajo de la cintura y flota cada vez que ella se mueve. La mujer de mirada benévola te sonríe.

"Pensamos que no llegarías y que no podrías encontrarnos. Creíamos que ibas a regresar." No sabes qué responder. Las palabras se amontonan en tu boca, pero no logras articular ni una sola. Estás tratando de asimilar. Quieres decir tanto, pero se queda atorado en tu garganta.

"Ven, acompáñame." La mujer sonríe y se da media vuelta. Sin más, la sigues y permaneces callado. No quieres decir algo sin sentido, deseas escoger las palabras correctas y formular la pregunta indicada.

"¿Es aquí a dónde se supone que debía llegar?", dices al fin.

"Así es. Pero entendemos que tuviste asuntos importantes que resolver en el camino y está bien. Esta fue una buena oportunidad para hacerlo, aunque no pensamos que tardarías tanto." Ambos caminan por un largo pasillo blanco que está iluminado por una luz suave que emana de algún sitio que no puedes ver.

"¿Ya estoy muerto?"

"No, aún no. Pero tampoco estás del todo vivo. No podrás decidir qué hacer mientras no completes aquello que viniste a hacer aquí."

"¿Y por fin lo voy a saber?"

"Sí." Ambos llegan frente a las puertas de lo que parece ser una especie de elevador y entran. Las puertas se cierran y este comienza a ascender. "¿Cómo te has sentido aquí?"

"Pues, siendo honesto..., bastante bien. Aquí no siento dolor y por momentos se me olvida que mi cuerpo está acostado, en coma, en la cama de un hospital. Pero no sé si me sienta listo para dejar todo atrás."

"Quizá no necesites hacerlo. ¿Qué razón sería tan importante como para que no vuelvas?" *Nunca me lo había preguntado.* Tardas unos segundos en responder.

"Pienso que, si muero, el trabajo que he hecho cobraría importancia."

"¿Por qué crees que no es importante?"

"No lo sé... Todavía estoy aprendiendo a lidiar con esa sensación de insuficiencia. Yo solía confiar mucho en mí y en lo que hago, pero quizá solo era que lo estaba sobrevalorando..."

"¿Alguna vez alguien te ha agradecido por lo que haces?"

"Sí."

"Entonces tu trabajo tiene sentido y es importante. Al menos para alguien, y eso debería hacerte sentir satisfecho."

"Pero ¿qué tal que en realidad no soy tan bueno?"

"Pienso que la cuestión no es ver qué tan bueno o suficiente eres para los demás, sino preguntarte qué tan suficiente eres para ti." Las puertas del elevador por fin se abren. Ante ti aparece una especie de laboratorio. El espacio es muy amplio, pulcro y minimalista, con altas paredes blancas y pisos de mármol. Al centro hay un cilindro gigante de cristal que en su interior contiene algo parecido a un holograma del planeta a escala y de cuya base nace el pilar de luz que antes ya habías visto desde abajo. Todo parece haberse construido alrededor de eso. Notas que hay más personas, hombres y mujeres que observan en pantallas, hacen anotaciones y mueven controles en pantallas digitales. Aun así todo es muy silencioso.

"¿Qué es este lugar?"

"Es un observatorio. Uno de tantos. A nosotros nos toca observar la vida en la Tierra."

"¿Ustedes, quiénes?"

"Nosotros, Los Vigilantes. Así es como nos llaman."

"¿Y por qué observan la Tierra?" Con un ademán te indica que la sigas.

"Los observamos a ustedes. Son el proyecto que nos fue asignado. Por muchísimo tiempo este lugar ha estado a cargo de estudiar y registrar cada paso de la humanidad."

"Entonces ¿somos un experimento?"

"Así es, uno que todavía está y seguirá en curso. Pero es uno de los experimentos más fascinantes y hermosos porque, a diferencia de otros, los humanos pueden decidir por sí solos. Contrario a lo que creen, no están sometidos a ninguna fuerza externa más que la de sus propios pensamientos y voluntades, y eso es lo que observamos aquí, la manera en la que sus ideas y decisiones van construyendo y cambiando su destino. Claro que todo ocurre bajo una ley cósmica y externalidades fuera de su control, pero tener mente los vuelve muy poderosos."

"¿Y a ustedes quién los trajo aquí?"

"Nosotros también somos humanos, una clase más avanzada y evolucionada, pero todos venimos de ahí también", y señala al gran holograma que representa la Tierra. "Empezamos con vidas humanas comunes y nuestras elecciones nos llevaron por una ruta de despertar a través de incontables existencias y caminos —espirituales, filosóficos o religiosos, eso no importa—, todos sirvieron para que hoy estemos aquí, dando este servicio como parte de nuestro trabajo en el propio trayecto de la evolución. Nadie se quedará aquí para siempre, es temporal, y cuando hayamos cumplido nuestro propósito, nos iremos a continuar con nuevas experiencias y vendrán otros a cubrir nuestros lugares. Es un ciclo infinito, porque así es todo en el Universo, un ciclo de cambios infinitos." Te acercas al cilindro de cristal para observar mejor ese gigantesco holograma conectado al pilar de luz. Es tan grande como una casa mediana de dos niveles.

"¿Qué es esa luz a la que está conectado el holograma, la que vi abajo?"

"Son las cuerdas de la memoria. Filamentos que guardan los recuerdos de cada persona que existe y existió en el planeta. Todos tienen uno. Los hilos más luminosos pertenecen a vidas de jóvenes, bebés, niños y adolescentes. Conforme se van haciendo viejos, las fibras pierden brillo y se apagan hasta que mueren, pero permanecen ahí como un archivo histórico."

"¿Y qué pasa con las memorias de la gente que muere?"

"Nada. Siempre van a pertenecer a esa consciencia, porque en el fondo somos eso, consciencia. Y eso sucede cada vez que morimos en nuestro paso por la experiencia humana. Nuestras memorias se van guardando en la consciencia y las llevamos con nosotros a otras vidas, aunque no podamos recordarlas, pero esa información se guarda mientras se van creando nuevas memorias en esa nueva vida. Con cada vida aparece una nueva cuerda de memoria, de tal forma que todas las consciencias poseen muchas cuerdas, pueden ser cientos o miles. Es un ciclo que se repite en cada morir y renacer."

"¿Puedo ver las mías?"

"Sí, podrías, pero no estás aquí para revisar tus memorias. Me parece que ya has visitado muchos rincones de tu mente en tu camino hasta acá." Sonríe. Asientes un poco avergonzado y le devuelves la sonrisa. Entonces reparas en que no has visto al ser de luz desde que despertaste.

"¿Y dónde está el ser que venía conmigo?"

"Él está bien. Sabe que estás a salvo y nos ha pedido que te acompañemos de aquí en adelante. Los seres de luz también son parte de la evolución y tienen tareas que cumplir. No te preocupes, lo verás después. Ahora tenemos trabajo que hacer." La mujer te guía a través del lugar y te tomas un momento para observar sus altos techos, los muebles perfectos y sobrios, las columnas talladas y los cubículos semicirculares donde había otras personas revisando detalles en pantallas holográficas. Todo iluminado bajo una suave luz blanca y cálida.

"¿Esto es real o estoy alucinando?"

"Es real, tan real que cuando lo cuentes, lo harás con todo detalle."

"¿Por qué querría contarlo?"

"Porque esta experiencia podría ayudar a otros a validar la suya."

"¿Y si no me creen?"

"No lo harás para convencer a nadie, solo lo pondrás sobre la mesa y dejarás que los demás decidan qué hacer con eso. Es todo." Hay mucho sentido en la sencillez de sus palabras.

"Siempre imagino que la vida en la Tierra es una simulación y somos controlados como ratas de laboratorio."

"Es cierto que este es un laboratorio, pero no los vemos como ratas de experimento. Solo nos interesa llevar un registro evolutivo de la vida humana de la misma forma que otros lo hicieron antes que nosotros. ¿Nunca te has puesto a pensar en lo fascinante que resulta la libertad de decidir? Piénsalo: una sola decisión puede alterar el curso de las situaciones futuras de entre miles de posibilidades y, a veces, también puede modificar hechos pasados. Es asombroso que, siendo humanos, podamos tener tal control de nuestro destino, ¿no crees?" Jamás lo habías analizado de ese modo. Luego reflexionas y te das cuenta de que sí, que elegir es tan cotidiano, algo que se da por hecho que a menudo termina siendo una acción casi invisible e inconsciente. Sí, te parece admirable.

Después de darle casi toda la vuelta al lugar, ambos llegan frente a una gran puerta de cristal que se desliza para abrirse.

Y más adelante, ahí, suspendida en el aire en medio del gran cilindro, está la enorme bola que simula la Tierra en su versión digital. Tú y la alta mujer de estilizada figura permanecen de pie frente al holograma azulado durante unos segundos.

"En casa de mis abuelos, mi abuela me dijo que no olvidara el asunto con mi padre y mi abuelo, pero nunca supe a qué se refería..."

"Como te dije, todas las memorias de cada persona del pasado y del presente están en este lugar. Sé que debías llegar aquí pero no sabía a quién o quiénes debías buscar, hasta ahora. Eres libre de buscar aquello que viniste a resolver."

"¿Por qué nadie sabe darme una respuesta? Todos dicen que debo estar aquí y que vine a hacer algo, pero nadie sabe qué... Es muy frustrante."

"A veces descubrir esos propósitos por nuestra propia cuenta es parte del proceso. Me gustaría ayudarte, pero no tengo esa información. No obstante, si de algo te sirve, siempre que uno busca algo es mejor irse muy atrás y empezar ahí para luego ir avanzando hacia adelante. Podrías empezar por alguno de los dos."

"¿Y eso cómo se supone que va a ayudarme?"

"Lo hará. Sabrás qué hacer. Ahora te pondré dentro del holograma y quedarás flotando en su interior. Sentirás que caes al vacío y luego vas a despertar. Será muy breve, solo déjate caer. Ahora sube." La mujer te señala una pequeña plataforma por la que asciendes y que comienza a elevarse muy despacio hasta llegar frente al gigante holograma. "¡Entra!", oyes a la mujer. Titubeante, pero sin más opción, tocas el holograma y tu mano lo atraviesa con facilidad. "¡Entra ya!", te insiste.

Sin pensarlo mucho das un brinco fuera de la plataforma y te introduces en la gran esfera. Adentro el silencio es absoluto.

Tu cuerpo flota despacio igual que si estuvieras en una nave espacial. Entonces una fuerza repentina te jala de manera súbita hacia abajo. Una gran masa de luz te envuelve impidiéndote ver hacia dónde caes. Todo se vuelve oscuridad mientras das vueltas en un vórtice. Una sensación de asfixia te envuelve y, aunque solo dura un breve instante, te parece eterna. De pronto todo deja de dar vueltas y por fin abres los ojos de un sobresalto.

Trece
Fidel

Yaces en el suelo y hay mucha luz a tu alrededor. Tus ojos tardan varios segundos en adaptarse al resplandor hasta que logras ver que estás en un gran espacio blanco e infinito, muy parecido a donde llegaste al inicio, pero ahora hay miles de hilos brillantes de colores tornasol suspendidos verticalmente por todo el lugar, como finas cuerdas que penden de algún sitio, en un techo sin final que tampoco puedes ver. *Debo estar dentro del pilar de luz.* Te incorporas despacio y notas que los resplandecientes hilos te abren camino a medida que avanzas o te mueves, como si detectaran tu presencia, como si evitaran que los toques por accidente. *Ella dijo que no me olvidara de mi padre y mi abuelo.* Avanzas despacio y desorientado entre la cortina infinita de cuerdas. No sabes qué buscas, pero sabes que se encuentra ahí. *Ella dijo que busque de atrás hacia adelante, pero ¿dónde es atrás y dónde adelante?* De pronto la idea de buscar los hilos de memoria de tu abuelo deja de parecerte descabellada, sin embargo, te preguntas cómo vas a encontrarlos entre millones de cuerdas. Mientras buscas entre los hilos algo que no sabes qué es, pero sientes que está ahí, oyes a lo lejos un murmullo que se transforma en un tarareo claro y nítido conforme más te acercas. Es una melodía que conoces. Empiezas a tararear intentando recordar el nombre y entonces lo ves claro en tu mente: *Naila*. Conoces esa canción. Sigues caminando entre los hilos y la melodía se hace cada vez más nítida hasta que notas que una voz la canta, es una voz muy familiar que la interpreta en una lengua que al inicio no logras identificar. No es español y tampoco inglés…, es zapoteco.

Comienzas entonces una búsqueda con más énfasis. Estás muy cerca. Oyes la melodía cada vez más cristalina. Sigues avanzando y las finas cuerdas parecen abrirte un camino para guiarte hasta tu objetivo cuando, de pronto, llegas a una que no brilla como la misma intensidad que las otras, sin embargo, logra emitir un tenue resplandor que resulta casi invisible. Te detienes un momento para contemplarla mientras sigues oyendo la canción. *Es mi abuelo.* Recuerdas cuando eras niño y tu abuelo se ponía a recitar poemas y canciones en zapoteco por la tierra donde había nacido. "Naila" era la canción que siempre interpretaba y la que tú y tu hermano continuamente le pedían. Oírlo cantar en su lengua siempre te pareció reconfortante y había un misterioso encanto en esas palabras que pronunciaba, aunque no pudieras entenderlas. Cierras los ojos y disfrutas por unos instantes de su voz hablando esa lengua mística que él sabía pronunciar como si fuera magia. Suspiras. Hay cierta paz en oírlo cantar de nuevo.

Poco a poco la voz se va apagando hasta que ya no oyes más la canción y todo vuelve al profundo silencio inicial. Entonces viene una idea que ya había cruzado tu mente con anterioridad: *¿Qué pasaría si toco uno de estos?* La mujer en el laboratorio nunca te dijo cómo funcionan las cuerdas de memorias y tampoco qué ocurre si tocas una. *Supongo que tendré que descubrirlo…* No estás muy seguro y el corazón te empieza a latir rápido, pero decides no detenerte a pensar en ello y tomas la fina cuerda entre tus manos. Aprietas los ojos esperando alguna reacción inesperada, pero nada ocurre. Abres de nuevo los ojos y la examinas. Notas que es suave, no identificas el material, pero se siente muy parecido a un tipo de caucho, bastante aterciopelado y agradable al tacto. Mientras deslizas tus dedos por la cuerda, puedes notar que va apareciendo un ligero resplandor sensible al tacto y, al estirarla para observar más de cerca, ves impresos en la cuerda pequeños fotogramas similares a los de los negativos de los rollos fotográficos, pero estos tienen movimiento y van revelando escenas de la vida de tu abuelo. Mientras más jalas la cuerda, más recuerdos aparecen y, por un momento, te preguntas cuántas cuerdas de memoria poseerá la consciencia de tu abuelo y qué otras vidas ha tenido. No son preguntas que te cause urgencia resolver, así que te concentras de nuevo en la cuerda que sostienes. Empezaste viendo su vejez y, al ir retrocediendo, se van revelando las memorias de su paso por la mediana edad y la adultez joven. Son pequeños instantes de su vida que guardan un recuerdo importante. Así, llegas hasta su adolescencia y, al último, a su niñez. Ahí haces una pausa y examinas con cuidado cada fotograma. De manera intuitiva sabes que ahí está lo que buscas. Aparece entonces un pequeño niño de seis o siete años, flaco, de rostro muy perspicaz al que le brota una inteligencia innata por los ojos. *¡Ahí es donde quiero ir!* Con solo pensarlo, ves cómo tu mano comienza a desintegrarse en miles de partículas luminosas que son absorbidas por el fotograma de la cuerda en una especie de vórtice. Al poco tiempo, todo tu cuerpo se convierte en una masa de puntos lumínicos que es absorbida por la cuerda hasta que no queda rastro de tu presencia.

***

Un aroma a pan recién horneado te despierta. Los rayos del sol entran por la ventana que apenas está cubierta por las delgadas cortinas que poco pueden hacer para impedir el intransigente paso de la luz. Sientes el calor en tus párpados, bostezas y te estiras. Estás acostado sobre una cama con sábanas blancas, luego miras a tu alrededor y ves un cuarto con techos altos, paredes de tabique y adobe, bastante modesto. El olor a pan vuelve a envolverte la nariz y te incorporas. Afuera de la habitación oyes ruidos. Alguien está cocinando. Te levantas y sales del cuarto. Caminas por un pasillo corto y llegas a una estancia pequeña donde ves una mesa de madera, seis sillas y una cocina muy sencilla. Una mujer está sentada en una de las sillas. Es bonita, morena, de estatura baja, delgada y tiene un hermoso pelo negro azabache enredado en una trenza que cae dócil sobre su hombro derecho. Lleva una falda larga de manta en tono hueso, una blusa amplia color negro, huaraches y en un rebozo carga a una pequeña niña de dos años, por mucho. La mujer está moldeando con fuerza una gran cantidad de masa y en el horno de piedra tiene charolas de metal que están cociendo el pan. En el suelo hay grandes canastas llenas de panecillos cubiertas con una manta para evitar que las moscas se posen. Hace calor y más ahí adentro. Es temprano, pero el sol ya cae a plomo.

En ese momento entra un niño no mayor de siete años quien lleva de la mano a otro más pequeño de cuatro o cinco. Miras al mayor y reconoces esa cara pícara, los ojos ligeramente rasgados y esa sonrisa traviesa adornada por la mirada vivaracha. *Abuelo.* Infieres, por lo tanto, que la mujer amasando debe ser tu bisabuela.

"Fidel, ¿terminaste de poner al sol las sábanas y la ropa de tus hermanos?"

"Sí, mamá. ¿Para qué es todo ese pan?" El niño viste un pantalón amplio, una camisa blanca de manta, sombrero de paja y va descalzo. Se nota que es ropa artesanal, seguramente hecha por la mujer a la que ha llamado "mamá".

"Pa vender, mijo. Son de yema, de los que te gustan." La mujer le lanza una sonrisa con cierto dejo de aflicción. "Con lo que nos quedó de tu papá, ahora tenemos que ver cómo le hacemos. Compré harina, huevos, azúcar y sal para hacer todo este pan. Hay un cuartel del ejército cerca de aquí, ¿por qué no vas a ver si quieren? Diles que te dejen hablar con el coronel. Mira, agarra esa canasta de ahí, ese pan ya se enfrió, pero está fresco. Déjame aquí a tu hermano. ¿Te acuerdas de cómo venden los señores del mercado? Pues así mero hazle. Diles que lleven pan, que está recién hecho." El niño, bastante acomedido, asiente. A pesar de que la canasta es grande y él muy delgado, tiene la fuerza suficiente para colgársela en los hombros. Luego de ponerse los huaraches, está listo para partir.

"Acuérdate: cinco centavos si el pan es pequeño y diez si es grande. No aceptes menos." El pequeño sale de casa y decides seguirlo. El sol no da tregua y aunque tú no sientes sus estragos, puedes ver cómo el suelo caliente le quema los pies al niño, pues la delgada suela de su calzado resulta insuficiente para protegerlo del suelo ardiendo. Ves al pequeño correr de inmediato hacia la sombra donde el suelo aún está fresco para refugiarse del calor.

Al salir de la casa, echas un vistazo. Es pequeña, hecha de tabique y adobe, con techos altos de teja roja y pequeñas ventanas. Te parece que, en otro tiempo, quizá no mucho, era más bonita y no tan modesta, pero ahora luce bastante descuidada. Fidel viene a tu mente de nuevo y lo alcanzas. Nadie puede verte, pero vas junto a él y, por alguna extraña razón, sientes que vas cuidándolo. El pequeño tiene mucho temple y, aunque para su edad es un trabajo rudo cargar esa gran canasta de pan, no se queja y demuestra mucha responsabilidad y tesón.

Falta poco para llegar al cuartel donde están las tropas del ejército. Por la vestimenta de las personas, te da la impresión de que son tiempos revolucionarios. El pequeño Fidel hace una parada y se instala un rato en la plaza central del pueblo, donde está el Palacio Municipal. Se detiene bajo la sombra de un frondoso árbol, posa la canasta sobre una banca de piedra que está justo junto al tronco, se limpia el sudor, se acomoda el sombrero y empieza a ofrecer el pan a los transeúntes.

"¡Pan de yema, pan de yema fresco! ¡Lleve pan de yema!" Al principio no tiene mucho éxito, pero de pronto comienzan a acercarse algunas personas. Logra vender cinco piezas: tres de cinco centavos y dos de diez. Aun así, no es suficiente, hay al menos cincuenta panes más en la canasta y pasa otro largo rato antes de que se acerquen tres personas más que se llevan una pieza de cinco centavos cada una. Tú permaneces sentado en la banca junto a él. Comienzas a verle el desánimo en la cara, sabes que sobre él ha caído la responsabilidad de ayudar a su madre a salir adelante. *¿Qué habrá pasado con su padre?* Volteas a la derecha y ves el Palacio Municipal, un edificio chaparro color blanco con arcos de bordes color rojo. En la estructura más alta, se lee: AYUNTAMIENTO DE IXTEPEC, OAXACA. Un poco más arriba, está el escudo de la bandera, el águila con la serpiente, y en la punta del muro hay un reloj de manecillas gigante que marca las doce del día. Ya sabes dónde estás, pero todavía quieres saber qué año es. Echando un vistazo a tu alrededor, ubicas al otro lado de la plaza a alguien ofreciendo el periódico, así que te acercas y ves en el encabezado:

PERIÓDICO OFICIAL
del Gobierno del estado de Oaxaca
julio 25, 1915.

Son tiempos de la Revolución. El presidente Porfirio Díaz acaba de morir tan solo hace unas semanas y el ambiente revolucionario es palpable. Regresas a la banca donde se encuentra Fidel, no ha logrado vender mucho más y se nota afligido. Quisieras ayudarlo, pero no puedes y no sabrías cómo. El pequeño vuelve a echarse la canasta a los hombros y decide continuar su camino. Tras andar varias calles que los llevan a la periferia del pueblo, ambos llegan al cuartel. Dos hombres robustos y bigotones, con trajes militares y escopetas, resguardan la entrada. Fidel se intimida un poco, pero lo disimula.

"Aquí no puedes vender, niño. Vete", le dice uno de los hombres con brusquedad.

"Mi mamá me ha mandado a venderle al coronel. Si no vendo este pan, se pondrá duro."

"¡Que no, niño, vete!", replica el hombre con sobrada molestia. Se te estruja el corazón al ver que Fidel se aguanta las ganas de llorar porque es muy valiente. Aunque no pueden verte, lanzas una mirada fulminante a los sujetos y sigues a Fidel, quien camina apenado por haber vendido muy poco.

El calor del sol está en su punto más intenso y él se acerca a la sombra de un árbol que encuentra más adelante para sobarse los pies que le arden. Está enojado y triste por no haber vendido más. Quieres abrazarlo y ahí descubres las enormes ganas que sientes por rescatar a ese pequeño que en el futuro será tu abuelo.

Mientras Fidel y tú permanecen sentados bajo la sombra del árbol sobre la terracería, escuchas lo que parecen ser cascos de caballos acercándose. Ambos voltean y a lo lejos ven a un grupo de hombres montados a caballo que se aproximan al cuartel. A los pocos minutos, los hombres llegan a la altura del árbol y el que va al frente les ordena detenerse. Es alto, corpulento y de semblante rígido. Se acaricia el bigote y se dirige a Fidel con un silbidito que hace al niño voltear hacia arriba.

"¿Qué estás haciendo aquí, escuincle?"

"Vine a vender pan, pero no me dejaron esos hombres de allá."

"¿Y por qué no fuiste al pueblo a venderlo?"

"Sí fui, pero no hay mucha gente, hace calor, y mi mamá me dijo que viniera acá."

"Ya veo. ¿Cómo te llamas?"

"Fidel."

"Bueno, Fidel, súbete. Ahorita te dejan pasar. A ver, tú, ayúdale a subir al caballo y carga la canasta." Uno de ellos se baja de su caballo, carga a Fidel y lo sube junto a quien, intuyes, es el coronel. Luego carga la canasta y la asegura con unas cuerdas.

"Agárrate de mí porque si no te vas a dar un guamazo." Fidel se aferra con fuerza a la cintura del coronel y de nuevo avanza la tropa. Los sigues muy de cerca. No te das cuenta de que se alejaron mucho del cuartel por ir pensando en lo triste que estaba Fidel. Al llegar, de inmediato los dos hombres que antes les prohibieron la entrada se apartan y dejan pasar a la tropa mientras echan una mirada escrutadora a Fidel. Ya adentro, el coronel baja a Fidel del caballo.

"¡Mírate nomás, todo acalorado! Tráiganle agua." A los pocos segundos, un hombre le acerca a Fidel una vasija con agua fresca que el niño bebe casi sin respirar. "¿Quieres más?", pregunta el coronel soltando una risita. Fidel asiente. "¡Traigan más!" y vuelven a llenarle la vasija.

"Gracias."

"Ese pan huele bien. Te voy a proponer un trato, ¿quieres oírlo?" Dice el coronel poniéndose en cuclillas para quedar a la altura del niño. "Dame a probar uno y, si me gusta, no solo te voy a comprar esa canasta, sino que te voy a pedir que me traigas tres de esas cada día antes de que anochezca, ¿te parece?" Fidel duda.

"Le va a gustar, señor. Mi mamá es buena haciendo pan. Aunque, si no le gusta, de todas formas me tiene que pagar esa pieza de pan." Suena muy decidido.

"¡Ah, pinche escuincle listillo!" El coronel se agarra los bigotes y suelta una carcajada secundada por los demás. No se ríe de Fidel, le causa agrado lo inteligente que es. "Ta bueno, te pago esa pieza, pues." Fidel se acerca a la canasta, saca un esponjoso pan y se lo da al coronel, quien lo toma con sus ásperas y grandes manos. Da una gran mordida y comienza a masticar. Casi al instante, el coronel emite un sonido placentero.

"Pos tenías razón, escuincle, ta bueno el pinche pan. ¡A ver, muchachos, rápido, se me forman pa comprarle todo el pan a Fidel!" Los hombres del cuartel hacen una fila. "¿Cuánto cuesta?"

"Diez centavos la pieza grande y cinco la pequeña, señor."

"Bueno, pues te vamos a dar diez centavos por cualquiera de los dos tamaños." Fidel sonríe y empieza a repartir el pan mientras recibe las monedas que guarda en un costalito de tela que lleva colgado al hombro. Al poco tiempo, la canasta se vacía.

"Dile a tu madre que quiero mis tres canastas de pan diario antes de las siete de la noche. Y para que veas que confío en ti, te voy a pagar de una vez." El coronel saca dos saquitos pesados llenos de dinero que le entrega a Fidel. "Mañana que traigas mi pedido, te pago los del día siguiente y así cada día." Fidel asiente y sonríe.

"Gracias, señor."

"Ahora vete y cuida bien ese dinero." Fidel se echa al hombro la canasta vacía y sale corriendo del cuartel. Lo sigues a paso veloz. No sabes qué hora es, pero no deben ser más de las tres de la tarde. Fidel y tú, después de un rato, llegan a casa. Está fresco y sigue oliendo a pan.

"¡Mira, mamá, vendí todo!" Tu bisabuela, que está frente al comal haciendo tortillas, se vuelve hacia él, lo recibe con un abrazo y una sonrisa. Se limpia las manos y toma las bolsitas de dinero.

"¡Qué alegría, mijo! Con esto vamos a poder hacer más pan. Tu papá estaría muy feliz también."

"Fui a venderle al coronel y me compró todo. Le gustó tanto que quiere que le llevemos tres canastas diarias para todos."

"¡Ay, Fidel, no me mientas!"

"¡No te estoy mintiendo, mamá! De verdad le gustó, hasta me pagó por adelantado." Saca entonces otras tres bolsitas de monedas. Tu bisabuela pasa del escepticismo a la alegría y lo abraza de nuevo mientras le planta un beso en la mejilla.

"Pos me vas a tener que ayudar a hornear y a ver si el señor de las verduras nos quiere prestar su mula pa que cargues las canastas." Tu bisabuela está feliz y notas que es la primera vez en mucho tiempo que lo está, seguramente desde que tu bisabuelo murió, a juzgar por la fotografía que está en un rincón de la estancia sobre una mesita de madera con flores y veladoras. Te acercas a la foto en tono sepia y ves a un hombre blanco, de ojos claros, bigote y barba, muy gallardo y bien parecido. *Así que tú eres el famoso español desheredado de sus padres por casarse con una mujer oaxaqueña…* Le haces un gesto con la cabeza en señal de respeto y te vuelves hacia la cocina donde están tu abuelo, sus hermanos pequeños y su madre sentados en la mesa comiendo. Huele a tortillas recién hechas y frijoles.

Instintivamente haces un movimiento en el aire con la mano derecha, tal y como lo hace el ser de luz, y la escena avanza en cámara rápida, como en una película. Pasan los días y las noches. Fidel y tu bisabuela siguen haciendo grandes cantidades de pan que se venden por completo. Hay felicidad en el ambiente. Entonces te detienes un día en el que Fidel se dispone a ir entregar un pedido para el coronel. Sales de la casa y lo sigues a través del patio que da a la calle de terracería donde espera una mula a la que amarra tres canastas llenas de pan fresco. Todavía falta un poco para que se oculte el último rayo de sol, así que Fidel aprovecha para ir y regresar con luz de día. El niño se sube a la mula y comienza a andar. Lo sigues muy de cerca. Luego de un buen rato, llegan al cuartel. Los guardias, que ya lo conocen y son un poco más amables, lo saludan y le dan el paso. Entra al patio central donde ya lo espera el coronel y tres hombres que cargan las canastas y se las llevan a la cocina. El coronel le da a Fidel tres costalitos llenos de monedas y un poco más.

"Antes de que te vayas, me gustaría hablar contigo." Fidel se extraña, pero no se pone nervioso. Sigue al coronel hasta su oficina. El hombre cierra la puerta y le indica que se siente en una de las sillas forradas en piel. El coronel acerca una silla y se sienta justo frente a él.

"Y bien, ¿cómo va la venta de pan?"

"Bien, señor, mi mamá y yo hacemos mucho pan y cuando la gente se enteró que usted nos compra, empezaron a comprarnos también. Ya hasta tenemos una mula propia para entregar los mandados." Hay entusiasmo en su voz.

"Me alegra, tu madre tiene buena mano para el pan." El hombre carraspea un poco y se frota el bigote. Deja ver que no es muy alentador lo que está por decir.

"Quería hablarte en privado porque nos vamos a ir. Moverán al cuartel de lugar, es probable que regresemos a la capital y quiero hacerte un ofrecimiento: vente conmigo. Yo te voy a dar escuela y sustento con el que podrás seguir ayudando a tu madre y tus hermanos, ¿qué dices?" Tú, de pie junto a Fidel, notas que le cambia el semblante y se preocupa.

"Señor, me gustaría mucho pero no puedo dejar a mi mamá y mis hermanos, ellos me necesitan." Su respuesta es contundente. Ni siquiera tuvo que pensarla.

"Esta es una oportunidad como pocas, niño. Podrías cambiar tu futuro, serías como mi hijo y tu familia estará bien mientras seas mi protegido."

"No me gustaría irme lejos de ellos, señor. Soy todo lo que tiene mi mamá y ellos todo lo que tengo."

"Bien." El coronel no puede hacer mucho ante la firmeza de Fidel. "Supongo que no puedo hacerte cambiar de opinión." Fidel negó con la cabeza. "Me temo entonces que esta será la última vez que nos veamos, niño. Nos iremos en dos días, ya no necesitaremos más pan. Pero sé que estarás bien, eres muy listo, canijo." Y le da unas palmaditas en el hombro mientras le lanza una sonrisa que intenta ser cálida.

Fidel se levanta de la silla y el coronel también, y antes de que salgan de la oficina, el niño se abalanza sobre el coronel y le da un abrazo.

"Gracias, señor." El coronel, siendo un hombre muy parco, no sabe cómo reaccionar y, después de unos segundos, le devuelve el abrazo con unas palmadas en la espalda.

"Será mejor que te vayas antes de que anochezca." Fidel le sonríe y sale. Se trepa a la mula y se aleja del cuartel mientras voltea y le dice al coronel "adiós" con la mano.

Al llegar a casa, su madre está terminando de limpiar y acomodar la cocina en donde ya tiene preparada la cena. Fidel entra y se sienta en la silla de la cabecera. A su derecha está su hermano

Faustino y frente a él, del otro lado de la mesa, está su mamá, quien carga sobre sus piernas a la pequeña María.

"¿Qué pasa, mijo? No has tocado tu plato. ¿Te pidió más pan el coronel?" Fidel niega con la cabeza. Está un poco apachurrado. "¿Y eso?"

"El cuartel se va a regresar a la capital, por eso no me pidió más pan."

"¿Cómo va a ser eso?" La mujer chasquea la lengua. "Bueno, no te apures, mijo, ya mucha gente de por aquí nos compra. Pero habrá que ver qué hacemos con tanto pan. ¿Qué tal que te vas al pueblo vecino a venderlo? Puedes tomar el tren y llegar más rápido. No está muy lejos. Seguro que allá también se te acaba el pan, mijo. Eres muy bueno vendiendo." Oír a su madre tan positiva comienza a darle ánimos, le ayuda a sentirse un poco mejor y sonríe. Tú también. Entonces mueves la mano para adelantar la escena y llegas al día siguiente. Fidel está en la estación de trenes. Es temprano y lleva sobre la espalda la canasta de pan recién horneado. El tren llega a los pocos minutos. Es una locomotora mixta, lleva vagones para pasajeros y de carga. Fidel se forma y, al intentar subir, el boletero lo detiene.

"Tu boleto", dice hosco.

"No tengo, señor. Voy al pueblo vecino a vender este pan".

"Entonces no puedes tomar asiento. Tendrás que irte hasta el final del vagón y sentarte en el suelo. No molestes a los pasajeros, niño." Fidel asiente. Sube y se dirige hasta el final. Recarga la canasta en la pared y él se sienta al lado de la compuerta que une a ese vagón con el de atrás, casi justo frente al pasillo. Al poco tiempo el tren se llena y comienza a avanzar. Ocupas uno de los asientos vacíos un poco más adelante y lo observas. Fidel está triste. Le preocupa qué hacer para conseguir dinero para su madre y sus hermanos. Además, sabes que se había encariñado con el coronel y durante un tiempo fue como una figura paterna para él. Verlo así te conmueve y quisieras abrazarlo para hacerle saber que encontrará una solución.

Fidel se levanta, se recarga en la ventana, observa el paisaje y un par de lágrimas resbalan por sus mejillas. Se limpia los ojos y se vuelve a sentar, agarra un pan y comienza a comerlo con desgana. De pronto sientes algo en tu bolsillo derecho del pantalón. Te tocas para sentir qué es, pero no logras identificarlo. Es redondo y grande. Metes la mano y al sacarla descubres que es una brillante y sólida moneda de oro. *Un centenario.* Te preguntas cómo llegó ahí, pero también sonríes porque se te acaba de ocurrir una gran idea. Sabes el valor que tiene y más en una época así. En tus manos tienes una pequeña fortuna que podría ayudar a quien sea por mucho tiempo, así que decides dársela a Fidel. Sabes que no puede verte ni tocarte, pero esperas que tu plan funcione. La pones en el suelo del pasillo y la haces rodar hasta él. La moneda mantiene un perfecto equilibrio y llega silenciosa hasta chocar con sus pies. Nadie parece darse cuenta, excepto el niño que ve la moneda acercarse hacia él.

Sorprendido, la toma rápidamente entre sus manos y en un impulso la esconde dentro de la pieza de pan que aún no termina de comer. ¿Quién pensaría que dentro de una pieza de pan habría una moneda de oro? Fidel escruta con la mirada a su alrededor esperando que nadie se haya dado cuenta y disimula para no causar sospechas. No puede creerlo. Cuando alguien se mueve o se levanta de su asiento, Fidel se pone un poco nervioso y teme que lo descubran. Cree que ha robado. Piensa que esa moneda se le cayó a alguno de los pasajeros. Pero lo cierto es que nadie la reclama. El tren llega al pueblo vecino y Fidel se baja rápidamente sosteniendo con fuerza el pedazo de pan que lleva en mano con la moneda dentro y la canasta en su espalda. Lo sigues de cerca.

El niño se apresura a salir de la estación y en un callejón se esconde para revisar la moneda y corroborar si es real. En sus manos sostiene una pesada, sólida y deslumbrante moneda de oro más grande que la palma de su mano. Está grabada de un lado con una figura femenina alada que representa a Niké, la diosa griega de la victoria, y del otro, el escudo del águila con la serpiente. Fidel sonríe y los ojos le brillan. Entonces la guarda muy bien en el morralito que lleva amarrado a la cintura y de todas formas decide ponerse a la entrada de la estación de trenes para vender todo el pan que lleva. Te quedas con él un buen rato y te complace ver que vende todo al cabo de un par de horas. Luego, él y tú toman un tren de vuelta a casa. Vas cuidando que la moneda esté bien asegurada, aunque sabes que Fidel es muy inteligente. Ambos se sientan hasta el final del vagón y disfrutan el paisaje del atardecer que ilumina los campos y las montañas que se coronan con el cielo surcado de nubes en tonos rosas, azules y naranjas.

Al llegar a casa, encuentran a tu bisabuela acomodando costales de harina en el pequeño patio delantero que da a la calle. Ella recibe con un abrazo a Fidel y le ayuda a cargar la canasta vacía. Él le entrega el costalito con monedas y cuando ambos entran en la casa y cierran la puerta, saca de su morral la enorme y reluciente moneda mientras sonríe con orgullo.

"¡Fidel! ¿De dónde has sacado eso?" Notas que su madre no parece tan contenta.

"¡De ningún lado, mamá! La moneda ha venido a mí en el tren." Fidel dice la verdad, pero su madre no está del todo convencida.

"Fidel, nosotros somos gente honrada. ¿A quién le has robado esta moneda? ¡Vale mucho!"

"¡A nadie, madre, a nadie! La tomé cuando venía rodando hasta mis pies en el vagón del tren." Por el tono en que Fidel responde, se nota que está un poco harto y ofendido porque su madre ha intentado tacharlo de ladrón. Pero tu bisabuela sabe que su hijo no miente y decide creerle.

"Es que, Fidel, ¿te das cuenta de lo que es esto? ¡Es una bendición, mijo! Vamos a poder hacer muchas cosas." Ambos se abrazan y tu bisabuela le planta un beso en la cabeza.

"Yo creo que fue algo que nos mandó mi papá desde el cielo."

"Puede ser, mijo, puede ser. Dios nuestro Señor es bueno y siempre nos cuida." Tú te sientes feliz. Te alegra mucho ver a tu abuelo así de contento y te dan unas ganas enormes de agradecerle por ser tan valiente. Vuelves entonces a hacer un movimiento con la mano y adelantas la escena. Ves cómo tu bisabuela va a cambiar la moneda de oro y con todo ese dinero puede comprar más material para hacer pan, arregla la casa, les hace nueva ropa a los niños, abre una pequeña tienda donde ahora la gente puede ir a comprar el pan y logran ser felices por un muy buen tiempo. Te sientes en paz, suspiras y cierras los ojos. Entonces la escena se difumina y vuelves a un lugar donde ya habías estado y que te parece muy lejano: el gran árbol azul en medio del lago donde alguna vez te enfrentaste a dos viejas brujas.

Sentado en una banca a la orilla del tranquilo e inmenso lago, está un hombre de espaldas que al inicio no reconoces, pero cuando te acercas, ves que es tu abuelo, ya adulto. Luce un poco más joven que la última vez que lo viste con vida. Parece de sesenta o setenta años. Se ve fuerte, entero, y ambos se sonríen. El hombre se pone de pie y te mira con mucho cariño, del mismo modo en que un padre ve a su hijo.

"Te pareces mucho a nosotros, pero mejor."

"Abuelo, yo..." Te interrumpe cuando te entrega una fina cuerda brillante color turquesa que cuelga de una de las gruesas y frondosas ramas del árbol. "Abuelo, solo quiero que sepas que, aunque no te tuve mucho tiempo, siempre me sentí muy feliz de poder estar contigo. Y... no sé por qué siento que tengo que decirte esto, pero estoy seguro de que mi padre también está feliz de que hayas sido su padre en vida. No sé si alguna vez te lo dijo, pero cada vez que nos habla de ti, puedo darme cuenta de lo importante que fuiste y sigues siendo para él. Cuando te menciona se le desborda el inmenso amor que sentía por ti. Él está orgulloso de ser tu hijo." Tu abuelo sonríe y te acaricia las mejillas entre sus manos, con cariño.

"Siempre tuve la impresión de que pude haber sido un mejor padre, pero me consta lo que me dices y te agradezco por traer ese mensaje hasta aquí. Ser abuelo de alguien como tú es de mis mayores logros. Gracias."

"Nadie sabe cómo ser padre y te aseguro que él también a veces siente lo mismo que tú respecto a mí, pero yo tampoco tengo nada que reprocharle. Para él siempre has sido un buen papá." Te abraza y le devuelves el abrazo. *Así se sentía abrazarte.*

"Ahora tienes que seguir, ve con él...", y te señala la cuerda. La observas y ves de nuevo los pequeños fotogramas de memorias, que esta vez pertenecen a otro hombre que conoces muy bien. *¡Papá!* "Vete, ya. Y cuando lo veas, dile que, de todos mis hijos, él siempre fue mi mayor orgullo. Qué gusto verte otra vez." Tu abuelo te sonríe, te pone una mano en el hombro y se desvanece como un suspiro. Una suave brisa agita la frondosa y gigantesca copa del majestuoso árbol y sientes que es él acariciándote. Vuelves a sonreír y luego miras la fina cuerda de luz que aún sostienes en la mano, con cuidado la manipulas entre tus dedos y revisas los pequeños fragmentos de memoria. Buscas la infancia de tu padre y, después de un rato de jalar la cuerda, llegas por fin a esos recuerdos, donde ves a un pequeño niño que sigue teniendo mucho parecido con el padre adulto que conoces, pero luego cambias de idea y algo en ti sugiere que quizá es mejor irte un poco más adelante, a su juventud. Así que regresas y te detienes en el fotograma de un joven de nariz ligeramente aguileña, labios delgados y semblante serio. *Te encontré. Estoy listo, llévenme ahí...*

Tu cuerpo se convierte de nuevo en polvo de luz que entra en la cuerda y no deja rastro de ti. La cuerda vuelve a colgar mientras se balancea suavemente desde la rama de ese árbol, un testigo silencioso de tus principios y finales en medio de la quietud infinita que reina sobre aquellas aguas tranquilas de cobaltos reflejos.

Catorce
el estudiante

El reflejo de la luz del sol que cae sobre el suelo es deslumbrante. Hace un día hermoso y el azul del cielo no está manchado por una sola nube. Es pleno verano y todos los estudiantes permanecen bajo las sombras que dan los árboles salpicados a lo largo y ancho de los jardines de la facultad. Como todos, buscas un espacio libre donde poder cubrirte del impío clima mientras esperas tu siguiente clase, pero no hay uno solo donde no haya grupos de adolescentes entrando en los veintes. Algunos leen mientras otros platican, comen y fuman. Es un gran patio de recreo para mayores.

Sigues caminando y de pronto oyes que alguien te llama. Es un muchacho rodeado de varios más que se ríen escandalosamente. No sabes quiénes son, pero ellos parecen conocerte. Te acercas tímido y te les unes. Te hacen un espacio en el suelo junto al tronco de un árbol para que te sientes y por fin experimentas un poco de alivio ante el calor.

"¿Dónde estabas? ¿Apenas terminaste el examen?", te pregunta uno de ellos, un muchacho alto y delgado, de sonrisa discreta, bien parecido y bastante relajado. "Qué perro el viejito rabo verde con su jodido examen sorpresa, ¿no?" No sabes qué responder y optas por seguirle la corriente.

"No creo pasar."

"Ni yo."

"Nadie va a pasar, ese cabrón es experto en reprobar a todos los que toman su clase", interviene otro de los chicos.

"Dímelo a mí, ya van dos veces que curso su materia", dice el joven a tu derecha.

"Bueno, pero tú eres un dinosaurio. ¿Cuánto llevas en el mismo semestre, una o dos eras glaciares?" Todos sueltan la carcajada, mientras el chico enciende un cigarrillo y les pinta el dedo.

"Búrlense, pero cuando salga de aquí y ponga mi despacho todos me van a pedir trabajo. Además, ¿a quién le importa la jodida historia de la arquitectura? No vas a construir un edificio con solo memorizar a los grandes arquitectos clásicos."

"Bueno, bueno, ya, ya, no te enojes. Si no, luego no nos va a querer dar chamba", dice el chico que te llamó al inicio soltando una risita. La conversación se va a otro lado y mientras los miras charlar, intentas procesar lo que está pasando. Observas el árbol y su frondosa copa sobre tu cabeza y te recuerda a aquel gran árbol azul que has visitado antes y que ahora, en lugar de estar rodeado por un lago sin principio ni final, lo está por amplios patios y jardines frente a un largo edificio con grandes ventanales que, infieres, son las instalaciones de la facultad. Miras a tu alrededor y reparas en la vestimenta de la gente. Ves tu ropa. Llevas puesta una camisa polo color verde botella y unos pantalones caqui acampanados con zapatos negros. Las mujeres usan vestidos rectos con estampados coloridos y florales o faldas acampanadas a juego con tacones anchos, peinados cortos y abombados que parecen de salón.

Miras a tu derecha en el suelo y ves un par de cuadernos que no sabías que llevabas en la mano. Tomas uno de ellos y al abrirlo lo primero que ves en una de sus páginas es la fecha. Es agosto de 1962. Hojeas la libreta y ves un montón de apuntes, bocetos y trazos. Ahora eres un estudiante de Arquitectura en la generación de tu padre, quien aún no lo sabe y se ríe al lado tuyo. Notas que es de los populares del grupo y esa imagen contrasta un poco con la del hombre serio y más mesurado que conoces.

"¿Ya acabaron el proyecto de Estructuras?", pregunta un chico flaco y alto, de pecas y lentes redondos.

"Simón. Nosotros ya tenemos casi todo hecho, ¿verdad?" Tu padre te lanza una sonrisa confiada.

"Sí, sí, ya está todo listo", respondes con aire distraído tratando de seguir la corriente.

"¿Y ahora tú qué traes? Andas raro. ¿Es por lo del examen?", te pregunta tu padre. Rápido tratas de cambiar la actitud y te muestras más relajado.

"Supongo que es eso, ya sabes que en mi casa no les gusta que repruebe."

"Pero ¿cuándo has reprobado? Si siempre eres el que anda levantando la mano con aires de sabiondo." Todos rompen a reír por el comentario de tu padre, quien te imita levantando la mano con exageración. También te causa gracia. "De seguro vas a sacar la nota perfecta, como siempre, solo que te gusta el drama." No encuentras fallas en su lógica.

Después de un rato el grupo comienza a despedirse. Al parecer, ese proyecto de Estructuras es la consigna más importante del semestre y solo tú y tu padre han avanzado lo suficiente. Te levantas, también te despides de los demás y, mientras te sacudes los restos de pasto y hierba de la ropa, tu padre te pregunta si quieres ir a comer a su casa y trabajar el resto de la tarde. Al parecer, ya no habrá más clases. Aceptas y ambos salen juntos del campus. Qué cosa tan curiosa te resulta ser compañero de clase de tu padre en la universidad. Es rarísimo estar al lado de alguien que conoces a la perfección pero que a ti todavía no te ubica. Te preguntas si no ha notado el parecido contigo o quizá es que te pareces más a tu mamá, a la que tampoco conoce aún.

"¿Qué tanto me ves, loco?"

"¡Nada!", te apresuras a responder.

"Desde que saliste del examen andas muy extraño, ¿seguro que todo está bien?"

"Sí. No te preocupes. Ya sabes que me estresa eso de las calificaciones."

"Ni te apures, hombre. Eres el más teto de la clase, ¿o por qué crees que te escogí para el proyecto? Ni creas que me caes bien", te responde soltando una risita juguetona que secundas.

Luego de tomar un autobús y caminar algunas cuadras, llegan al frente de un edificio alto y viejo en el centro de la ciudad. Entran y se dirigen al viejo elevador que llega casi al instante. Las puertas se abren y tu joven padre presiona el número nueve. Tras unos minutos que parecen eternos, salen del ascensor y giran hacia la derecha para llegar al 901, donde ya los espera una joven versión de tu abuela. *Qué bonita era.* Su pelo castaño, sus facciones finas, su tez blanca aterciopelada como melocotón y sus mejillas chapeadas la hacen parecer una muñeca de porcelana. Ella los recibe con una sonrisa y le da un beso a tu padre.

"¿Cómo les fue? Los vi por la ventana entrar al edificio y noté que el vecino les abrió porque no llevabas tus llaves", le dice a tu padre, quien hasta ese momento no se había dado cuenta de que, en efecto, no las traía. "Las dejaste otra vez en un pantalón que echaste a la ropa sucia, ¡ah, qué niño!" y finge darle un zape en la cabeza.

"Menos mal que eres la mejor buscando llaves extraviadas."

"¿Van a seguir trabajando?"

"Sí" responden ambos.

"¿Para cuándo deben entregarlo?"

"El próximo viernes. ¿Y mi papá, no ha llegado?"

"No, pero no creo que se tarde. Hay comida en la estufa", dice mientras se retoca el labial frente al espejo y se acomoda el peinado. "Les dejé lentejas y tortitas de pollo en la cazuela junto con el arroz. Sírvanse si les da hambre. Voy a ir con tu hermana Paty a comprar unos vestidos porque ya va a empezar a trabajar el lunes y no tiene nada decente que ponerse. Y por favor no me desarreglen la casa, que acabo de limpiar." Toma su bolso, agarra sus llaves y sale.

"¿Te sirvo algo?", pregunta tu padre mientras saca un par de platos de un trinchador de madera.

"Sí, por favor. Tortitas de pollo y lentejas también."

En lo que tu padre está en la cocina observas el departamento. No es muy grande, pero es lo bastante espacioso como para que una familia de cinco adultos viva cómoda. El lugar es acogedor y huele a comida casera. Extrañas ese aroma en tu propia casa. Al cabo de unos minutos tu padre sale con dos platos servidos y te hace un gesto con la cabeza para que lo sigas a su habitación, donde trabajarán. Caminan por un pasillo, pasan una puerta que es el baño y en la siguiente dan vuelta a la izquierda. Justo antes de entrar a la habitación, en el muro a tu derecha, hay un espejo y por primera vez te ves a ti mismo. Con sorpresa notas que no eres tú, has cambiado de apariencia. Tu rostro, el color de tu pelo y tu piel son de otra persona y entiendes entonces por qué tu padre no pudo reconocerte.

"Espero que hoy podamos avanzar todavía más", dice tu padre mientras pone los platos sobre un escritorio de madera. "Muero de hambre, toma", y extiende la mano con un par de cubiertos. Te sientas en la silla del escritorio y él en el borde de la cama sosteniendo su plato. La comida huele tan bien. Dar el primer bocado a las lentejas se siente como un apapacho. Es comida reconfortante. Luego pruebas las tortitas de pollo en salsa de jitomate y la explosión de sabor que hay en tu boca solo te permite emitir sonidos guturales de satisfacción y placer. "Mi abuel..., perdón, tu madre", corriges de inmediato, "debe ganar un premio por la forma en que cocina." Tu padre asiente.

"Aunque aquí, en secreto, mi papá y yo cocinamos mejor. Hacemos una paella estupenda. Pero shhh." Ambos ríen por lo bajo.

"¿Y tu padre, ¿cómo está?"

"Bien, ahí anda el viejo, ya sabes, siempre trabajando." Hay tanto que quisieras preguntarle y también contarle, pero debes ser cauteloso para no cometer alguna imprudencia.

"¿Sabes? El otro día mientras iba camino a casa después de la uni, me puse a pensar en qué va a pasar cuando mi padre ya no esté." Tu padre se mete un gran bocado y te ve con cierta confusión mientras mastica. "Sí, ya sabes, algún día ya no va a estar, ¿cierto? Y creo que no me gustaría quedarme con las ganas de decirle algunas cosas..." Tu padre sigue sin entender.

"¿Y ahora por qué andas tan filosófico? ¿Tu papá está enfermo?"

"No. Pero a veces son cosas que pienso y no le cuento a nadie. ¿Tú has pensado en eso?"

"Pues no realmente. Digo, sé que un día mi papá va a morir, pero es algo que veo muy lejano. Apenas tenemos veinte, supongo que morirá cuando yo ya sea muy mayor."

"¿Y qué te gustaría decirle?" Silencio. Tu padre piensa mientras juega con el tenedor y la comida. Luego coloca el plato sobre el escritorio. Suspira.

"Casi nunca nos decimos 'te quiero' o 'qué orgulloso estoy de ti', pero tampoco creo que haga falta. Ambos lo sabemos. Hago muchas cosas con mi padre y creo que en todas ellas siempre hay maneras en las que nos decimos que nos queremos. No sé si me explico…"

"Sí, te entiendo. Me pasa algo similar con el mío."

"Creo que es muy común ese tipo de comunicación entre padres e hijos. Aunque, por otro lado, acepto que de vez en cuando no estaría mal externarlo."

"¿Qué piensas de tu papa?" Tu padre te mira extrañado. "Sí, ¿qué opinión tienes de tu padre? Todos los hijos pensamos cosas de nuestros padres. Vamos, no voy a juzgarte y nadie se va a enterar."

"No es eso, es que jamás me había detenido a pensar en ello…" Hay un pequeño silencio mientras tu papá piensa. "Creo que es un buen padre. Es muy trabajador y siempre se ha esforzado mucho para que a mis hermanos y a mí jamás nos haga falta algo. Incluso ahora que no estamos en nuestro mejor momento como en el pasado, jamás falta nada…"

"¿Qué más?"

"Que es un gran chef y que un día yo quisiera aprender a cocinar tan bien como él. Además, creo que es muy divertido. Tiene buen sentido del humor y aunque las cosas a veces puedan ir un poco mal, él no pierde el ánimo y siempre encuentra cómo resolverlas. Me siento muy feliz de que sea mi padre. Tal vez solo quisiera que a veces se atreviera a tomar más riesgos, pero supongo que así es él y no creo que vaya a cambiar."

"No estaría mal que un día se lo digas. Yo estoy seguro de que le gustaría oírlo y también está feliz de que seas su hijo. Se le nota en la cara cuando habla de ti y presume que estás estudiando para ser arquitecto. Y tal vez peco de atrevido, pero apuesto a que de todos tus hermanos, tú eres su favorito y su más grande orgullo." Tu padre suelta una carcajada incrédula.

"Está bien que sea bueno en la escuela, pero no es para tanto. Creo que nos quiere a todos por igual."

"Solo digo que la afinidad que tiene contigo no la tiene con tus demás hermanos y, como eres el único de sus hijos que quiso hacer una carrera en la universidad, tal vez por eso se esfuerza tanto en que a ti no te falte nada."

"No lo había pensado así. Quizá tienes razón. Mi hermano mayor, desde que se casó y se fue a vivir con su esposa, se ha alejado un poco de mis padres y siempre he pensado que en el fondo le dan celos de que mi papá y yo seamos más unidos. Pero es lo mismo que yo podría decir de él y mi madre. Sin embargo, no me incomoda. Mi madre también me quiere a su forma. Pero mi padre con mi hermana Eugenia, por ejemplo, choca mucho y yo, al parecer, soy el único de mis hermanos que no da muchos problemas. Pero sí, tal vez tienes razón."

"Pues créelo, eres como una estrella insignia en la solapa del orgullo de tu padre." Tu padre sonríe sonrojado. Te das cuenta de que es verdad, que no está muy acostumbrado a recibir elogios.

"Y tú, ¿qué le dirías a tu padre?", te pregunta para dejar de tener toda la atención sobre él.

"Mmm." Suspiras. "Con mi padre la relación empezó a mejorar de unos años para acá, cuando por fin me pude dar la oportunidad de ser quien soy sin tener que ocultarme."

"¿Ocultarte de qué?"

"Es largo de contar, pero al fin puedo ser yo mismo y creo que atreverme a eso tiró un muro entre nosotros. Empecé a hablar más con él y a tener tema de conversación. La relación dejó de ser institucional."

"¿Entonces tienen buena comunicación?"

"Sí, podría decirse. Creo que es un hombre muy comprensivo. Siempre tiene la palabra correcta y la opinión adecuada.

No habla mucho, pero como es observador, hace juicios certeros y cuando da un consejo, es mejor seguirlo porque siempre acierta…" Te metes otro bocado del guisado y continúas. "También es bueno cocinando. Creo que debo pedirle que haga un recetario antes de que deje de existir porque no puede llevarse con él todos esos secretos gastronómicos." Ambos ríen.

"Pero esas cosas se las puedes decir sin problema. Yo quiero que me digas eso que quisieras decirle, pero te cuesta trabajo. Yo te dije cosas que jamás le he dicho a mi padre, es lo justo." Tiene razón, pero no sabes cómo abordarlo. Tenerlo ahí de frente sin poder decirle quién eres realmente resulta más complicado de lo que pensaste. Entonces se le ocurre una idea.

"¡Ya sé! Imagina que soy tu padre y di todas esas cosas como si yo fuera él." Sueltas una risa nerviosa.

"Estás loco, no inventes." Pero en realidad la idea te parece estupenda.

"Cierra tus ojos y cuando cuente tres, no me verás a mí, verás a tu papá y comienzas a hablar, ¿ok?" Asientes. Cierras los ojos y respiras profundo. Cuando él termina de contar hasta tres, los abres y lo puedes ver con claridad.

"Hola, papá." Dices con aire tímido al inicio. "Yo… yo sé que hay muchas cosas que nunca te digo y una de ellas es que estoy orgulloso de ser tu hijo. No te juzgo por ningún error que hayas podido cometer en el pasado porque sé que no fue a propósito y que muchas situaciones estaban fuera de tu control. Ahora comprendo que todo eso me ha traído hasta aquí y me ha ayudado a llegar a sitios que no imaginé. Perdóname si en algún momento te he juzgado, era joven y estúpido. No comprendía muchas cosas, pero ahora las entiendo y por eso no quiero que te preocupes o sientas que has fallado al no darme aquello que quisiste pero no pudiste. Hoy no lo necesito. He aprendido a darme todo eso y más, así que te quito ese pesar y esa culpa que ya no debes cargar. Sé que no eres el padre que yo en algún momento quise que fueras porque eres el padre que necesito y con ese me quedo. Te libero de todo eso que crees que fue tu responsabilidad y en realidad no. Te libero incluso de aquello que sí lo fue pero que hoy ya no es importante, ya no duele y no me afecta porque ya asumí la responsabilidad de mi propia vida y eso es algo que solo me toca a mí. Ahora solo quiero que sigas aquí conmigo por el tiempo que deba ser y que puedas ver, a pesar de tus dudas internas, que sí hiciste un buen trabajo, que ahora yo me encargo y estaré bien, porque al final, no pude haber tenido mejor padre que tú."

Tu padre sigue sentado frente a ti, pero ya no luce joven, ahora lo ves en su edad actual, sin perder la mirada de aquel joven brillante que fue en sus tiempos de estudiante. Te mira y te sonríe. No hace falta decir nada, ya todo está dicho y se dijo bien. Tu padre se levanta y se funden en un abrazo que no sabes si se repetirá. Decides entonces no pensar en eso y entregarte solo a ese momento y a lo afortunado que eres por tener a tu padre contigo, al menos ahí.

Quince
el linaje sanado

Un viento suave y cálido te acaricia el pelo y el rostro. Has regresado a un sitio que para ti ya es familiar. Estás sentado en una banca bajo la sombra del árbol gigantesco rodeado por el lago. A diferencia de las últimas veces que estuviste ahí, el paisaje no luce ese monocromático tono azulado, ahora todo tiene color. El cielo se tiñe de nubes en tonos lilas, rosas, azules y rojos producto de la luz del atardecer y las aguas calmas lo reflejan con la claridad de un espejo. El robusto y viejo tronco ahora es color marrón y su follaje es de un verde esmeralda que parece terciopelo al igual que el suave pasto bajo tus pies. Estás muy cómodo y no hay preocupación alguna que pueda perturbar ese momento. Frente a ti pende, de una de las ramas, una fina y brillante cuerda de memoria, pero no sabes de quién es.

De pronto te das cuenta de que a tu lado hay otra persona sentada. Es un hombre no mayor de cuarenta y cinco, alto, delgado, rubio, de ojos claros y piel blanca. Usa una guayabera blanca, pantalones color hueso y lleva una barba muy bien recortada y arreglada. Es bien parecido. Y entonces lo recuerdas. Es el mismo hombre que viste en la fotografía en la casa donde vivía tu abuelo cuando era niño, tu bisabuelo. No sabes si te ha visto también. El hombre permanece absorto contemplando el paisaje mientras observa a dos niños jugar en la orilla del lago y cuya presencia no habías notado. El hombre les sonríe y los mira complacido.

"Es un gran día para jugar, ¿no lo crees?"

Tardas algunos segundos en responder.

"Sí, supongo que sí."

"No me lo vas a creer, pero ese de ahí es mi hijo, y el otro es mi nieto. ¿No te parece una locura?" Por supuesto que no te lo parece, no después de todo lo que has visto ahí.

"He visto muchas cosas y, de todas, esta me parece de lo más normal." Sueltas una risita. El hombre se vuelve hacia ti y te escruta con la mirada entornando los ojos. Te analiza.

"Ahora que lo pienso, tu rostro me es muy familiar. Te he visto en otros lados." Esbozas una sonrisa.

"Creo improbable que tú y yo nos hayamos topado alguna vez. Digamos que somos de tiempos y espacios muy diferentes, pero yo sí sé quién eres." El hombre frunce el ceño y te lanza una mirada suspicaz.

"A ver, acércate más. Yo estoy seguro de que he visto tu cara antes", insiste. Te aproximas un poco hacia él para que pueda verte con más detalle. Sus ojos son de un verde muy hermoso que se mezcla con tintes color miel.

"Te voy a dar una pista, háblale a tu nieto un momento." El hombre llama por su nombre a tu padre, que ahora tiene la forma de un niño de seis o siete años. El pequeño se acerca, tiene mojados los pies y el pelo por estar jugando en el agua. Te mira y te das cuenta de que puede verte, pero no te reconoce y no presta mucha atención. Tu bisabuelo le toma la cara entre sus manos y lo observa para luego verte a ti, luego lo vuelve a observar a él y una vez más a ti. De repente, un brillo le surge en la mirada. Lo ha descubierto, te das cuenta por la sorpresa que se le dibuja en el rostro.

"Puedes regresar a jugar con Fidel." El niño se da la media vuelta y regresa a la orilla del lago.

"¡Madre mía, que esto no puede ser! ¿Será posible? ¿Tú... Tú eres...?"

"Sí, yo soy hijo de tu nieto, bisabuelo." Ambos sonríen.

"¡Joder! Ya decía yo que esa forma de los labios, esos ojos rasgadillos y esas orejas las había visto antes. Pues sí, tenías que parecerte a tu padre." Suelta una carcajada. "¿Y cómo es posible esto?"

"No lo sé. Ya no sé si mucho de lo que he visto aquí ha pasado realmente."

"Bueno, pues ya estamos aquí. Supongo que algo de real debe tener, ¿no?" Te lanza una sonrisa. "¿Y a qué has venido, por qué estás aquí?" Lanzas un bufido.

"¿Por dónde empezar?... Ha sido complicado. Supongo que estoy en dos lugares a la vez. Mi cuerpo está acostado en una cama de hospital y yo estoy aquí."

"Vaya, lo lamento. ¿Es grave?"

"Sí, parece que sí, pero siento que ha pasado mucho tiempo. Y hasta hace poco todavía no sabía por qué estaba aquí, pero creo que ya lo entiendo... Creo que tiene que ver con ustedes tres."

"Pues me alegro de que nos hayas encontrado."

"Estuve con tu hijo Fidel. Fui a verlo de niño, allá en el pueblo donde vivían, pero no te vi."

"Ya veo. Me habría gustado estar, eso es algo con lo que cargo todavía. Habría dado todo para poder estar con ellos más tiempo, pero me fui." El arrepentimiento se le nota en cada palabra y los ojos se le ponen cristalinos, pero no derrama una sola lágrima.

"¿Por qué te fuiste, qué pasó?"

"Enfermé y no pudieron salvarme. Dejé a mis hijos y a mi mujer desprotegidos. Nunca pude convencer a mis padres de que la ayudaran. No soportaron la idea de que me casara con una 'india', como ellos la llamaban, pero Dolores era la mujer más bella que mis ojos habían visto, tan amorosa, inteligente y sabia. Su piel morena, sus manos, su olor… La recuerdo toda. Mis padres, como buenos españoles hacendados, se creían de la monarquía, pero yo no iba a ceder a sus caprichos y preferí que me desheredaran. Supongo que uno toma riesgos por lo que considera importante…"

"Yo creo que fue muy amoroso enfrentarte a tus padres con tal de defender lo que sentías por mi bisabuela."

"También lo creo…" No notas ni una pizca de arrepentimiento en sus palabras. "Tú que lo has visto todo, ¿cómo les fue sin mí? Todavía me duele saber que no estuve para ellos lo suficiente."

"Bueno, pues…, supongo que no fue fácil para mi bisabuela quedarse sola con tantos niños, pero se las arreglaron vendiendo pan. Con el tiempo pusieron una panadería y les fue mucho mejor. Ella decía que seguro eran bendiciones que tú les mandabas porque los estabas cuidando." El hombre suelta una risita.

"¡Qué va! Nada me habría gustado más, pero la única bendición de tu bisabuela fue haber tenido a Fidel. Ese chaval era tan inteligente, tan valiente… Estoy seguro de que él se las ingenió para salir adelante."

"Lo hizo y lo hizo bien. Mi abuelo fue muy valiente a pesar de lo duro que fue para él ser niño en una época como aquella."

"Ya lo creo…" Tu bisabuelo da un suspiro y se talla los ojos. No sabes cómo, pero puedes leerlo como un libro abierto. Recordar lo pone sensible y los arrepentimientos se le vienen encima cual torrente.

"Creo que, si estoy aquí contigo, es para decirte que no hubo nada malo en cómo sucedieron las cosas. Ni mi bisabuela ni tus hijos te recriminaron nada. Al contrario, por lo que vi, ella siempre les habló bien de ti, te honraron en cada cosa que hicieron, sin reproches. Tal vez sí le hizo falta a mi abuelo un padre con quien pudiera jugar más o que lo viera convertirse en un hombre, pero eso no le impidió convertirse en buen padre y buen abuelo. Yo solo lo tuve a él durante mi infancia, pero fue una época buena porque lo tuve. Creo que es tiempo de que sueltes esa culpa, yo te pido que lo hagas y en nombre de él te digo que no hay nada que perdonar, fuiste bueno con ellos mientras pudiste estar ahí." Las lágrimas entonces comienzan a caer de sus glaucos ojos y ruedan por esas mejillas ásperas como cañadas escarpadas.

"¡Joder, qué manera de hacerlo llorar a uno!", dice mientras se limpia los ojos con las manos.

"Está bien, si no lloras te inundas." Sonríes. Él te toma de la mano con un apretón en señal de agradecimiento.

"¡Carajo, qué bien se siente!" Suspira aliviado y tú por fin puedes verlo todo con claridad.

"Ahora lo entiendo. Por eso tenía que verlos, para decirles cosas que ustedes no pudieron compartirse porque no les alcanzó el tiempo y que yo tampoco dije en su momento." Decir eso en voz alta se siente como una epifanía. Algo en ti ya no hace ruido, hay calma.

"Verte me hace pensar que algo debimos hacer muy bien los tres para que tú seas así y eso me complace." Te da una palmada afectuosa en el hombro.

"Creo que eso es lo que tenía que venir a hacer aquí, encontrarme con cada uno para arreglar eso que necesitaba sanarse entre ustedes... nosotros, supongo."

"Necesitaba oír lo que me has dicho y eso me tranquiliza. Y me ha gustado saber que todavía en ese mundo hay alguien como tú que lleva la sangre mía y de tu bisabuela." Eso te sonroja y esbozas una sonrisa tímida.

"Mi abuelo siempre te recordó con gran cariño y jamás tuvo una sola cosa mala que decir sobre ti. Mi padre solo conoce de ti lo que mi abuelo le contaba, pero estoy seguro de que le habría encantado tener un abuelo como tú. Yo me siento orgulloso de saber que vengo de personas tan buenas como tú y la bisabuela." El hombre se pone de pie y extiende los brazos. Te levantas y te dejas envolver por ellos. Es un abrazo fuerte, muy cálido.

"Hazme un favor y jamás dejes de decirle a los que quieres cuánto los quieres. Haz de manera correcta todo aquello que nosotros no supimos cómo hacer. Y si alguna vez tu padre te ha decepcionado, piensa que él solo estaba buscando la forma de hacer las cosas bien."

"Lo sé, por fin lo he comprendido." Te da un apretón en el hombro y te sonríe, luego se da media vuelta y se acerca a la orilla del lago donde aún se encuentran tu padre y tu abuelo jugando. Los toma de la mano y se va con ellos caminando sobre las tranquilas aguas. Mientras se alejan, tu bisabuelo voltea a verte y te lanza una última sonrisa para luego continuar su camino a lado de esos dos niños que ahora ocupan un lugar aún más importante en tu interior. Los tres pronto se convierten en siluetas difusas que a la lejanía parecen fundirse con la luz del sol que pega de frente y te abraza como si lo hicieran ellos. Cierras los ojos, luego das la media vuelta y te acercas a esa cuerda luminosa que cuelga de una de las ramas. No sabes a quién pertenece ni tampoco a dónde te va a llevar, y tal vez no te interesa saberlo, solo la tomas entre tus manos y dejas que poco a poco tu cuerpo se convierta en luz y que viaje libre, no importa a dónde, porque a donde sea está bien.

Dieciséis
el gran loto

"Has vuelto." La suave voz que escuchas se siente como una dulce melodía. No tienes claro si es masculina o femenina, pero es dulce y transmite mucha seguridad. Abres los ojos despacio y te reconoces acostado sobre unas grandes y blancas manos como porcelana. Son suaves y cálidas. Te tomas tu tiempo para incorporarte y, cuando te pones de pie, vuelves la vista hacia arriba y ves el torso y el rostro de una gigantesca figura femenina color blanco, de cara afable y jovial que te mira compasiva mientras te sonríe. La blanca piel de su desnudo cuerpo parece emitir un brillo que en definitiva no es humano, es más bien divino y está cubierto por una fina túnica de seda adornada con bordados de hilos dorados y estampados florales que parecen moverse como si tuvieran vida.

La hermosa mujer está sentada de piernas cruzadas con los tobillos descansando sobre los muslos opuestos arriba de una plataforma roja y acojinada que despide un agradable aroma y que es rodeada por pétalos dorados parecidos a los de un loto gigante. Sigues observando y notas una gran protuberancia sobre la palma que te sostiene; al instante te das cuenta de que se trata de un gran ojo color azul. Hay otro igual en la palma de la otra mano, así como uno más en cada planta de los pies. La miras de nuevo a la cara, ella sigue viéndote con suma paciencia y, mientras deja que te tomes tu tiempo, notas un tercer ojo justo en medio de su frente que también te observa. Más arriba, sobre su cabeza, porta una corona de cinco puntas, es de oro sólido y brillante, adornada con todo tipo de gemas preciosas que refulgen y destellan con la luz divina que su propia piel emite. En el cuello, porta una profusión de collares también con joyas, mismos que se convierten en pulseras al llegar a sus muñecas. Cuando tienes toda la imagen formada en tu mente, reconoces a Tara en su manifestación blanca.

"Yo te conozco." Amplía su sonrisa. También te conoce.

"Tú y otros me han llamado con devoción y urgencia. No entendía por qué, así que también te he llamado y has venido hasta aquí."

"¿Otros, quiénes?"

"Aquellos que con su luz te han cuidado durante todo este tiempo." Entiendes que se refiere a tu familia y otras personas que también te aman. Hasta ese momento recuerdas que tu cuerpo sigue lejos en una cama de hospital.

"Sigo ahí, ¿cierto?" Ella asiente. "¿Cuánto tiempo más?"

"El necesario." Nota que su respuesta no te convence. "Mientras dormías en mi regazo, he podido ver todo tu viaje. Ha sido largo y muy agotador. El tiempo que estás tardando en despertar allá es el tiempo que has estado aquí resolviendo cosas y descubriendo otras. Siempre has podido elegir volver, pero algo dentro de ti te ha hecho seguir avanzando y creo que ya has descubierto la importante razón."

"Por fin lo supe, ¿y ahora qué?"

"Ahora tienes que preguntarte qué quieres hacer. No todo el mundo puede escoger y no hay elección incorrecta. Pero solo tú puedes dar el permiso para que suceda lo que debe ocurrir y que pase lo que tenga que pasar."

"Eso mismo es lo que me ha dicho el ser que me ha acompañado, pero no lograba entenderlo… o no quería. Tal vez me daba miedo escoger, pero ahora ya no."

"¿Y qué vas a elegir?"

"Me gustaría estar aquí, aquí todo está bien. Allá mi cuerpo sufre, siente dolor y me da miedo no poder volver a ser este que soy aquí."

"Nunca dejas de ser quien eres. Tu cuerpo físico solo es un envase temporal para resguardar tu verdadera naturaleza que jamás deja de ser, aun con un cuerpo que no funcione como debería."

"Pero no quiero que deje de funcionar, me gusta ese envase. No quiero ser una carga para nadie."

"Cuando hay amor y compasión, nada resulta una carga, y de eso hay mucho para ti en quienes te rodean." Sus palabras son un sedante que disipa tu angustia, pero no lo suficiente como para sacarte de la duda. Con cuidado y procurando no lastimar el gran ojo, te sientas de espaldas a ella cruzado de piernas sobre sus enormes y suaves manos que aún te sostienen y tu vista se pierde en el enorme infinito plagado de nebulosas, estrellas y colores que rodean a la divinidad. Luego de un rato, su suave voz rompe el silencio y te saca de tu ensimismado ser.

"Te propongo una cosa…" Te vuelves hacia ella. "Quédate aquí y piénsalo. Puedes nadar en las aguas de mis jardines de loto y seguir avanzando hasta que sepas qué hacer. Levántate y ven conmigo."

Con mucha delicadeza, sus manos te colocan con suavidad sobre la aterciopelada superficie donde ella reposa y poco a poco la enorme deidad comienza a disminuir su tamaño hasta adoptar la estatura de una mujer promedio. Es hermosa y te transmite una paz tan profunda que tu mente no encuentra comparación con otra cosa. Se acerca a ti y, con esa cálida y amorosa sonrisa, te toma de la mano y comienzan a caminar sobre la superficie roja de donde nace un largo sendero de alfombra carmesí flanqueado por dorados pétalos de loto. "¿A dónde me llevas?"

"A donde puedas pensar mejor." Sonríe. No quieres irte de ahí. La comodidad y la paz que te embargan son inconmensurables. Te convences de que nada fuera de ese lugar podría darte lo mismo o equipararse a tal júbilo en tu interior.

"Es bueno que estés aquí. Ha sido importante lo que has hecho y deberías sentirte complacido."

"Ahora que entiendo todo, sí. Siento que hice lo correcto y creo que por eso no tengo miedo de quedarme aquí."

"Será lo que quieras que sea, pero debes saber que, si nos hemos encontrado aquí, es porque he respondido a los llamados de aquellos que me han solicitado protegerte y eso estoy haciendo, pero también respeto tu camino. Lo que sea que decidas, será afortunado, aunque otros no lo entiendan o no quieran aceptarlo." Luego de sus últimas palabras, frente a ustedes comienza a dibujarse una tierra muy pura y celestial, de grandes y amplios campos que son el hogar de toda variedad de árboles frutales y flores. Y ahí, en medio de esa majestuosa y divina tierra, se alza imponente una enorme flor de loto rodeada de agua contenida en una especie de gran fuente dorada y cuyos pétalos suaves y aromáticos se mueven con gracia y delicadeza. A los lados de la fuente nace un par de escalinatas doradas que se pierden a gran altura entre las nubes, de las cuales cae con suavidad una cascada de aguas dulces y cristalinas que resbalan juguetonas por los pétalos de la enorme flor y se unen a la masa de agua dentro de la fuente. Tara entra al agua con suma gracia y se sienta al pie del gran loto cruzada de piernas sobre una formación rocosa muy suave que sobresale del agua y donde puedes acostarte a descansar sin estar sumergido por completo.

"Ven, entra y solo piensa en este momento." No sabes si desnudarte o no, así que te quitas los zapatos, la camisa y te arremangas el pantalón. Metes un pie al agua y notas la agradable tibieza y comienzas a entrar. No sabes cómo pero, mientras más te adentras en las aguas, el resto de tu ropa va desapareciendo hasta que quedas desnudo. Tara te observa con esa mirada maternal de infinita compasión, sin morbo alguno. Te acercas a su regazo y te recuestas sobre sus piernas. Sientes el agua envolver tu cuerpo en un manto cálido que resulta muy reconfortante. Entonces cierras los ojos y Tara te echa agua suavemente en la cabeza para mojar tu pelo. Mientras acaricia tu cabeza y sientes el agua correr por tu pelo tratas de visualizar tu cuerpo en el hospital y de pronto te encuentras ahí, junto a la cama, al lado de las bombas que suministran los medicamentos. Tu cuerpo es aún más delgado y frágil de como lo recuerdas y aún sigues conectado a ese tubo que entra por tu boca y mantiene funcionando tus pulmones. En otro momento observarte así te habría acongojado, pero ahora puedes verte desde otra perspectiva, una más compasiva y amorosa. Te reconoces en esa cama y, al mismo tiempo, te ves como alguien a quien tienes unas enormes ganas de salvar. Aunque, por otro lado, estar fuera de tu cuerpo se ha sentido mejor de lo que pensabas.

Dos enfermeras entran al cuarto. Mientras una toma el registro de tus signos vitales, la otra te cambia los medicamentos que se han acabado. Oyes a una de ellas decir que tus doctores saldrán en un momento a darles el parte médico del día a tus familiares. ¡Están aquí! Sales de la habitación, miras a ambos lados tratando de ubicarte y a tu derecha ves a un trío de médicos dirigirse a la sala de espera. Te apresuras a seguirlos por un largo pasillo que desemboca en una pequeña sala donde hay sillas de plástico y una ventanita por donde entra la grisácea luz del exterior que es opacada por la horrible iluminación blanca y mortuoria de la estancia.

Te acercas con cuidado, como si temieras que pudieran verte aunque sabes que no pueden hacerlo. Ves a tu madre, tu padre, tu hermano y a Él. En cuanto ven llegar al grupo de doctores se ponen de pie frente a ellos para escuchar. No son buenas noticias. La intubación no está teniendo el resultado que esperaban y las mejoras son apenas notorias. Han pasado más de tres semanas desde que estás dormido, pero aún confían en que en los siguientes días pueda haber algún cambio importante y con ello una mejora significativa. Tu madre, aunque su semblante es serio, no le alcanza para ocultar del todo la devastadora tristeza y angustia que la han aquejado desde que todo inició. Nadie de ellos ha podido dormir bien.

Mientras los médicos continúan explicando su preocupación porque la intubación no funciona, tu padre se lleva las manos a la cabeza en señal de frustración, a tu madre se le llenan los ojos de agua, tu hermano da un resoplido enérgico y Él se sienta en una de las sillas abatido, con las manos en el rostro y tratando de no ser víctima de la desesperanza.

Ves en la cara de tus médicos la impotencia de no poder hacer más y, con un dejo de angustia en el rostro, se dan la media vuelta y regresan al interior del pabellón. Tú permaneces ahí, en medio de los cuatro, observando su desolación y la tristeza que se cuela como humedad en su interior. No hay nada que puedas hacer para aliviar la pena que los embarga y mucho menos para hacer que tu cuerpo responda a la última opción de tratamiento que tenían los doctores. Entonces, en el aire, escuchas una suave voz que te dice *"vuelve"*, la oyes moviéndose por las paredes. *"Vuelve"*. La voz cada vez es más clara y cierras los ojos con fuerza, quieres volver y, de pronto, regresas a las manos de Tara que sigue acariciando tu cabello con suavidad y delicadeza.

"¿A dónde fuiste?", te pregunta apacible e imperturbable.

"Vi mi cuerpo en el hospital. No he mejorado y parece que no hay un buen pronóstico." Cada palabra que dices arrastra la tristeza. "No quiero que sufran de esa manera, no es justo que tengan que pasar por esto."

"Ningún sufrimiento humano es inevitable, pero tampoco es eterno."

"No sé qué caso tiene volver si regresaré a un cuerpo que ya no va a funcionar."

"Puedes continuar entonces y ver qué hay más adelante."

"Lo prefiero en lugar de hacer larga mi agonía y mantenerlos a la espera de algo que no va a ocurrir. No puedo hacerles eso."

"No hay acto más amoroso que evitarles el sufrimiento a otros. Eso es muy noble."

"No soportaría saber que soy la causa de ese sufrimiento por siempre." Te incorporas y te vuelves hacia Tara. "Creo que ya sé lo que quiero hacer…" Ella te presta toda su atención. "No quiero dejarlos, pero tampoco quiero que sufran mientras esperan si mejoro o no. Y, siendo honesto, algo en mí quiere continuar y ver qué hay más adelante. Tengo mucha curiosidad."

"Es muy sensato y natural sentir curiosidad. Creo que has decidido ya."

Una parte de ti siente un terrible miedo por lo que estás a punto de hacer, pero otra, más oculta, no teme en absoluto. Algo en ti necesita descubrir si hay algo más y piensas que no hacerlo sería un desperdicio. Mientras reflexionas, una franja de luz parecida a una aurora capta tu atención lejos en el horizonte, hasta allá donde parecen terminar esos extensos campos y jardines.

"¿Qué es esa luz? La he visto siempre desde que dejé mi cuerpo."

"Es la protección que otros te han dado. Es luz en forma de plegarias, rezos y mantras que muchos han ofrecido para ti." Alguien ya te había dado esa explicación antes, pero no lo recordabas.

"¿Y qué debo hacer con ellos?"

"Dejar que te cuiden. Esas plegarias me trajeron contigo y debo cumplir mi función. Tampoco quieren perderte y hay mucha gente que te espera. Yo te espero…" Rápidamente volteas al escuchar que la voz de Tara cambia a una que fácilmente puedes reconocer. *¡Eres tú!* Tara ha desaparecido, en su lugar ahora está Él, ahí, sentado y sonriéndote mientras te mira con esos ojos inundados de amor y ternura que sientes no haber visto en una eternidad. Un calor interno te reconforta y sientes que todo está bien.

"Ven, acuéstate." Sin pensarlo, pones tu cabeza sobre sus piernas y dejas que te acaricie el pelo mientras las tibias aguas de la fuente siguen cubriendo tu cuerpo desnudo.

"¿Por qué estás aquí?"

"¿Cómo que por qué, tontito? Pues porque tenía muchas ganas de verte." Su voz es un bálsamo curativo que llena cada fibra de tu ser. "Pensé que nadie podía estar aquí."

"Pero aquí estoy y vine para cuidarte. No pienses en nada, déjame estar aquí contigo." Sin poner resistencia, obedeces y te entregas a esa comodidad del agua abrazando tu cuerpo mientras vuelves a sentir sus manos sobre tu piel y lo reconfortante de tenerlo cerca. Porque cuando Él está cerca, todo está bien, tu mundo está a salvo, tú estás a salvo.

Diecisiete
¿renacer?

Tu cuerpo flota apacible en medio de un líquido tibio. Hay un calor muy agradable a tu alrededor. Luego de un rato, abres los ojos y solo puedes ver que te rodea una cavidad oscura, redonda y rojiza. Estar ahí es muy cómodo y te sientes seguro. Te estiras y entonces observas cómo la pared frente a ti se abre mostrando algo en el exterior, una escena en algún lugar que no reconoces. Ves el gran rostro de un hombre sonriendo acercarse a ti. Está diciendo algo y haciendo gestos graciosos, pero no logras escuchar con claridad. Después el hombre se aleja y avanzas por una estancia llena de plantas hasta llegar a un balcón donde se ve un atardecer. Tienes la sensación de estar sentado frente a ese atardecer. Entonces se acerca una criatura, parece un perro. *Sí, es un perro.* Llega hasta ti, puedes ver su enorme nariz olisqueando y su lengua lamiendo. De pronto oyes el sonido de una risita tierna y sientes unas manos que te cubren. Cierras de nuevo los ojos y te dejas arrullar por ese suave vaivén que te mece desde afuera.

Momentos más tarde, tus ojos se abren otra vez y te asomas por una ventana que da hacia afuera. Ves a una mujer mirándose frente a un espejo. Es bonita, de tez blanca, ojos ligeramente rasgados, pelo largo y lacio hasta la mitad de la espalda. Lleva un hermoso camisón con estampado de flores. Te recuerda a algo, pero no sabes bien a qué. Notas que la mujer está embarazada y mira su abdomen en el espejo. Todavía no hay bulto visible, pero ella ansía que crezca. Te das cuenta entonces de que tú eres el ser que ella carga en su vientre. *¿Me morí y voy a renacer?* La ves de nuevo reflejada en el espejo y no se parece en nada a la mujer que aún recuerdas como tu madre. Esta es más joven, no mayor de treinta, y parece muy ilusionada con ese embarazo. *Entonces sí morí.* Luego, por detrás de ella, llega el sujeto que ya habías visto antes y la abraza. Supones que ese debe ser tu futuro padre. Es lindo y tiene una cara gentil. *Si decido nacer aquí, no habrá marcha atrás. Será volver a empezar y olvidaré la vida que tuve. ¿Estoy listo para eso? ¿Quiero hacerlo?* Observas de nuevo a la pareja en el espejo. Parecen buenas personas y se ve que es un matrimonio recién formado. Luego a la escena se une otro integrante. Es un niño de unos tres años como máximo. El hombre lo carga y juguetea con él frente al espejo sin dejar de abrazar a la mujer, quien toma una fotografía para inmortalizar el momento. *Así que tendría un hermano mayor. Tal vez podría... Quizá no sea tan malo después de todo volver a empezar.* Miras de nuevo a través del vientre de la mujer y comienzas a observar una serie de momentos que no logras identificar. En ellos hay dos niños, uno mayor que el otro, y el grande muestra actitudes poco amigables con el menor. Entiendes que esos niños son tu hermano y tú en esa realidad en donde no parecen tener una buena relación. La escena sigue avanzando y conforme ambos van creciendo, los abusos y maltratos son más severos y evidentes. Te das cuenta de que en esa vida tendrías que lidiar con un hermano que te odia y detesta que hayas nacido. No quieres eso.

Una angustia te invade porque no sabes si estás listo para nacer otra vez y menos sabiendo lo que te espera más adelante. Además, ¿cómo podrías hacerlo si aún no olvidas tu vida pasada?

Todo parece tan reciente y duele si lo recuerdas. Por si fuera poco, la idea de tener un hermano que te detesta tampoco es muy alentadora. Y así surge en ti la curiosidad de saber qué es lo que ocurrió o pasará entre ustedes para tener tal relación. La imagen frente a ti cambia y puedes ver a los que serían tu padre y tu madre discutiendo para luego, más adelante, divorciarse. *Él va a pensar que, por mi culpa, por haber nacido, sus padres terminarán separados. De ahí su enojo.* No quieres eso, no estás listo para lidiar con una vida así. Entonces un movimiento brusco te agita y sientes dolor en el cuerpo. Oyes un quejido amortiguado. Algo le pasa a la mujer que te carga. La imagen que ves en el exterior regresa a la mujer frente al espejo. Puedes ver cómo se agacha en el suelo y se lleva las manos al vientre mientras comienza a respirar entrecortado tratando de controlar el dolor. Luego la oscuridad lo envuelve todo y se cierra esa ventana que te comunicaba con el exterior.

***

Ahora estás en una habitación a media luz. La luz, que entra por la ventana cubierta parcialmente por la cortina, proviene de la luna y de las farolas de la calle. Es un departamento. La habitación es linda y está decorada con buen gusto. La cama tiene una bella cabecera de madera y dos burós de estilo moderno también de madera. Las colchas despiden un fresco aroma a lino y las almohadas se ven almidonadas. Al pie de la cama hay una bonita banca acojinada y un poco más adelante, cerca de la ventana, un escritorio al lado de un cómodo sofá que da hacia el balcón de la habitación.

De pronto el silencio inicial se diluye cuando por la puerta entran dos personas a medio vestir, un hombre y una mujer. Él es muy atractivo. Barba recortada, cuerpo atlético y pecho ligeramente cubierto por una capa de vello. Ella es muy bonita y parece un poco más inocente al lado de él. Está en bragas de encaje y lleva la blusa desabrochada. Ambos se besan con desenfreno y mucha pasión. Él termina de quitarle la blusa y le desabrocha el brasier dejando ver un par de hermosos y redondos senos. La acuesta en la cama y se quita el pantalón quedándose solo en ropa interior. La escena no te da morbo sino curiosidad. Te preguntas qué es lo que te ha llevado hasta ahí y por qué estás en el papel de un simple vouyerista que observa sentado en la esquina de la habitación.

Al cabo de un rato en el que hay más intercambio de besos y caricias en lugares expuestos y también escondidos, ambos quedan desnudos; ella le quita la ropa interior a él y se despoja de sus bragas para después montarlo y empezar un baile de caderas que se acompaña de la música que provocan los gemidos placenteros perfectamente unificados. Es una sinfonía donde la pasión es el tema principal pero no sabes si también lo es el amor.

Mientras él acaricia su interior al tiempo que sus labios recorren sus senos como explorador extasiado en tierra misteriosa, una serie de imágenes y pensamientos vienen a ti en completo desorden. Se mezclan voces y palabras inconexas e incompletas que no logras descifrar, hasta que al fin el barullo se apacigua y te das cuenta de la realidad: él, aunque siente una gran atracción por ella, no la ama. Y ella, desesperada por encontrar a un hombre que la ame, piensa que un hijo facilitaría las cosas y hará que él por fin la quiera. Pero él solo está ahí porque conviene a sus intereses, ella tiene mucho dinero y está muy instalado en la comodidad que le provoca saber que ella se encarga de muchas cosas. En pocas palabras, ella está comprando su compañía y él es un vividor. Si ella se embaraza, él solo se quedará con ella mientras la criatura aún sea pequeña para sacarle todo lo que pueda y cuando logre juntar una pequeña fortuna y se canse de ejercer una paternidad forzada, se irá de su lado para nunca más volver. *Nos va a abandonar.* Eso a ella la llevará a una depresión con la que tendrá que lidiar por bastante tiempo, descuidando su papel de madre y condenándote a crecer en una jaula de oro donde tendrías todo, menos su atención, cariño y cuidado. *Es demasiado drama.* No estás seguro de querer ser el fruto de esa noche de pasión y obligarte a vivir una vida de soledad.

Un soplo de aire se cuela por la ventana y agita las cortinas. Cierras los ojos y sientes esa suave brisa que lo refresca todo. Al abrirlos, la cama con aquellos dos ha desaparecido y ahora frente a ti hay un infinito vacío blanco donde hay todo tipo de parejas teniendo intimidad. Permaneces sentado en el mismo sofá y observas a hombres y mujeres desnudos entregándose al placer del cuerpo, algunos más apasionados que otros. Te levantas y comienzas a caminar entre las parejas. Observas la diversidad de cuerpos y colores de piel. Algunas parejas parecen más divertidas que otras, también hay algunas en las que se nota ya cierta rutina y aburrimiento. Son muy pocas donde además de pasión y placer, hay cariño y amor. No te explicas cómo puedes sentirlo, pero lo sabes. Se nota por la forma en que se tocan, se besan y se abrazan lejos de los arrebatos producto de la pasión instintiva y salvaje.

Continúas caminando y descubres que estás ahí para escoger a tus siguientes padres. Es como un buffet de parejas en donde puedes elegir. *Pero ¿y si nadie me convence?* Miras a tu alrededor intentando conectar con algún par que te transmita la suficiente confianza y seguridad para saber que ahí es tu lugar, pero es difícil. Ni siquiera estás seguro de si en verdad quieres hacerlo; dejar todo atrás y empezar otra vida no es tan sencillo como pensabas. *No está aquí lo que busco.* No quieres hacerlo. Tal vez, en el fondo, no quieres volver.

Dieciocho

la vieja promesa

Las parejas copulando a tu alrededor se desvanecen como la llama de una vela de cumpleaños al ser soplada y el agua comienza a inundar el suelo que pisas, pero no sabes de dónde sale. Poco a poco, se va formando bajo tus pies un espejo de agua azulada que refleja algo que no está en el mismo espacio. Eres tú en la cama del hospital. Estás despierto y ese otro tú te mira sin apartar los ojos de tu rostro. Luego te hace un ademán para que vayas hasta donde está, así que te agachas y pones tu mano sobre el agua que casi al instante te absorbe y, como si fuera un portal que atraviesas, te hace aparecer del otro lado acostado en la cama.

Despiertas de un sobresalto y abres los ojos de golpe. Miras a tu alrededor y te das cuenta de que estás en la habitación del hospital. El profundo silencio solo es interrumpido por los pitidos pausados que emiten las bombas y las máquinas a las que estás conectado. Te llevas las manos a la boca y notas que no hay tubo alguno conectado a ti. Quizá te extubaron. Quizá todo salió bien al final. Ves tus manos y no hay rastro del catéter. Lo único que conservas son las puntas nasales que siguen suministrando oxígeno a tus pulmones, pero ya no son de alto flujo, ahora son normales y están conectadas al oxígeno de la pared. Entonces te incorporas con relativa facilidad y ves los valores de la pantalla que mide tus signos vitales. Tu oxigenación está en 92 y tienes 1.5 litros de oxígeno por minuto. Eso es bueno. Confiado, te quitas las puntas nasales para ver hasta donde baja tu oxigenación sin recibir oxígeno extra y con cierta desilusión ves que la cifra cae hasta 87. *No funcionó y no va a funcionar.*

Sin ponerte las puntas de nuevo, te dejas caer despacio sobre la cama y suspiras. ¿Cómo va a ser tu vida después de esto? ¿Volverás a ser la persona que fuiste o dependerás de otros? Quieres que todo acabe, como sea, pero que acabe. Tu oxigenación sigue bajando hasta llegar a 84, pero no quieres ponerte las puntas, tus pulmones han olvidado cómo respirar y te enoja la idea de volverte dependiente del oxígeno. Decepcionado, dejas las puntas a un lado de la cama y decides esperar a que tu oxigenación baje lo suficiente como para provocarte un paro respiratorio fulminante. No sabes cuánto tiempo va a llevar eso, pero ya no te interesa seguir manteniendo una falsa esperanza ni mucho menos ir en contra de lo inminente. Tus fuerzas se agotaron y tu cuerpo está muy cansado.

De pronto, tu vista se fija en un par de batas azules que están frente a tu cama colgadas en un gancho. La tela de las batas cae de tal manera que los pliegues parecen formar un par de cuerpos femeninos, delgados y estilizados. Piensas que tal vez el oxígeno ya no está llegando como debe a tu cerebro y estás alucinando, pero las batas comienzan a moverse como si algo quisiera escapar de su interior. Te tallas los ojos pensando que estás viendo mal, pero las batas siguen retorciéndose, tratando de adoptar alguna forma y, después de unos instantes, los trozos de tela quedan convertidos en un par de mujeres azules que ya habías visto con anterioridad. Sus troncos ya no están pegados a un solo par de piernas, ahora cada una tiene cuerpo completo. Hay una belleza enigmática y fascinante en esos rostros espectrales de ojos negros y sonrisa siniestra. Su piel ya no parece de madera vieja, ahora es de suave tela que podría ser satén o seda. Entonces lo recuerdas, hiciste una promesa. *Vienen por mí.*

"¿Pensaste que no nos volveríamos a encontrar?", pregunta la bruja a la derecha de tu cama mientras acaricia tu mejilla con uno de sus largos y huesudos dedos de uñas puntiagudas.

"Para ser honesto, me había olvidado de ustedes. He estado ocupado."

"Menos mal que a nosotras nunca se nos olvida nada." Dice la otra a tu izquierda. "Tenemos un asunto pendiente..."

"Lo sé, supongo que vienen a llevarme. Es lo que les prometí." Las hermanas se lanzan una mirada de extrañeza. Hay confusión en sus rostros, puedes verlo. "Supongo que algo no logré, que no cumplí del todo con mi parte, ¿cierto?"

"Nada nos habría gustado más que hacerte cumplir tu palabra."

"Pero lo cierto es que sí lo lograste." No lo entiendes. Estás convencido de que ellas están ahí porque algo falló, ¿por qué otra razón habrían de presentarse ante ti si ganaste?

"Tú prometiste que volverías con nosotras si fallabas en tu propósito aquí."

"Y esperábamos que fallaras, que cometieras el más mínimo error para arruinarlo todo", sentenció la otra.

"Pero no fue así. Te subestimamos. Pensamos que tu dolor sería insoportable, que no aguantarías y que la desesperación te comería las entrañas. Pero siempre hubo una fuerza extraña sobre ti que no pudimos descifrar, algo que jamás te abandonó y te ayudó a continuar."

"Es por eso que aquí estás, aquí sigues. Encontraste aquello que venías a resolver aquí y por eso hemos venido a hacer válida nuestra parte del trato. Ellos eran el propósito de todo esto y los encontraste. Supiste qué hacer aunque no tenías claras muchas cosas."

"Así que, como hemos acordado antes, eres libre. Sin profecías, sin augurios y sin sentencia o condena alguna. Eres dueño de tu destino otra vez."

"Eres libre de elegir tu camino y dejar que el orden natural de las cosas haga lo suyo mientras sigues con tu vida hasta donde tenga que ser sin que nada interfiera." Oír aquellas palabras debería alegrarte porque te libera de una promesa que ya no es necesario que tengas que cumplir, ya no hace falta, pero no puedes sentir dicha por eso. Bajas la mirada y permaneces observando la tela de tu bata como si de ahí fuera a surgir alguna respuesta. No lo entiendes, ¿por qué no puedes alegrarte de haber cumplido tu cometido? Por fin vas a volver… *¿Será?*

"Aprecio que hayan venido hasta aquí para cumplir su parte del trato, pero lo cierto es que no sé si realmente quiero volver…", dices con voz anodina. Las brujas te miran circunspectas. No esperaban una respuesta así. "He visto el dolor que todo esto ha causado en aquellos que me aman. Y aunque no quiero dejarlos, no sé si soportaría convertirme en una carga…" Tu grado de displicencia para contigo les extraña, pero no van a darte palmaditas en la espalda y tampoco esperas su conmiseración.

"Haz lo que debas hacer. Nosotras solo hemos venido a cumplir nuestra parte del trato contigo."

"Lo que decidas hacer después de esto es algo en lo que ya no podemos inmiscuirnos. Como dijimos, eres libre de elegir tu propio camino." Te incorporas sobre la cama para quedar sentado. Miras de nuevo la pantalla, tu nivel de oxígeno ha bajado a 85. Deseas que baje hasta que ya no puedas respirar.

"Sabes que así no funciona", dice una de ellas.

"Llévenme, a donde sea, pero ya no quiero que mi cuerpo siga postrado en una cama, por favor." Tus súplicas son inútiles.

"Ese no era el trato y no podemos interferir ahora que no tenemos nada pendiente contigo. Eres tú y tus decisiones."

"Pero ya no quiero decidir. Estoy agotado." Respondes con un hilo de voz. Por primera vez las brujas te miran con indulgencia y una pizca de benevolencia se posa en esos oscuros y profundos ojos negros.

"Hay una cosa que sí es real...", dice la más alta. Vuelves la vista hacia ellas con los ojos llenos de agua.

"No volver es perder una valiosa oportunidad porque esa vida que dejas atrás no vas a vivirla de nuevo. Será una experiencia que quedará incompleta."

"Y solo permanecerá todo aquello que pudo ser pero que nunca llegarás a descubrir."

"¡Elige bien!", sentencian ambas con voz ronca para luego abandonar su mística forma y regresar a ser un simple par de batas azules colgadas en la pared. La habitación queda en completo silencio otra vez y te dejas caer sobre la almohada. Te llevas las manos a la cara y cierras los ojos. Te da miedo equivocarte, escoger mal y que te tachen de egoísta. Pero, por otro lado, la idea de liberarte de ese sufrimiento parece una dulce salida a tan amarga situación. Suspiras. Los pitidos de las máquinas ya no se oyen y tampoco escuchas el siseo del oxígeno saliendo por las puntas nasales. Lo único que se percibe es una voz en tu cabeza formulando preguntas y respondiéndose a sí misma una y otra vez en un tedioso monólogo.

Te incorporas y ya no estás sobre la cama en el hospital, la bata ha desaparecido y ahora vistes los jeans, la camisa blanca y los zapatos con los que llegaste al inicio. Estás sentado en la superficie acuosa de un lago infinito que refleja un cielo teñido de colores rosas, lilas y naranjas. El agua no te moja y tampoco te hundes, solo flotas como un mosquito cuyo peso es insuficiente para romper esa tensión superficial. Te recuestas de nuevo y observas el cielo. Mientras pierdes la mirada en algún punto de aquellas nubes recuerdas todo lo que has pasado y que te ha llevado hasta ahí. Has visto el pasado, las posibilidades, lo que tal vez sucedería y también el futuro. Una parte de ti sabe que si has llegado hasta ahí no debe ser en vano y que no volver tal vez sería tirar todo por la borda. Pero quizá solo quieres permanecer un poco más ahí, en ese sitio donde te has sumergido y donde todo parece tener más orden, donde no tienes que encargarte de nada, empezando por un cuerpo físico. La última frase de las brujas resuena en tu cabeza como un eco. ¡Elige bien!, ¡ELIGE BIEN! Y recuerdas lo que una de ellas mencionó sobre perder la oportunidad de descubrir cómo sería vivir esa vida que dejarías atrás y que no podrás vivir otra vez porque no se repetirá. Sabes que tu decisión no tiene vuelta atrás. *Si vuelvo, tendré que aprender a lidiar con lo que venga después, aunque no me guste o sea difícil. Y si me voy, aceptaría dejar todo atrás y que los demás aprendan a vivir con ese dolor que causará mi partida.* Pero ya no quieres pensar, es muy agotador. Los pensamientos se hunden en la fosa de tu mente y continúas flotando en esa calma infinita que tanto deseas poder igualar en tu interior.

Diecinueve

volver

Las suaves y aterciopeladas manos de Tara te despiertan mientras acaricia tu cabeza suavemente. Abres los ojos y te cubres con las manos del resplandor que emite su blanca piel. Cuando tus ojos se adaptan, ves que sigues acostado sobre sus piernas flotando desnudo en esas aguas tibias. Tara te mira como una madre que observa a sus hijos crecer.

"Son increíbles los lugares a donde la mente puede llevarnos, ¿no? Siempre de un lado a otro", dice con voz suave.

"Entonces ¿no volví a mi cuerpo?"

"Lo hiciste por un momento. Te quedaste dormido y cuando alcanzaste la parte más profunda de tu sueño, empezaron a brotar los dilemas escondidos en tu inconsciente. Tu mente los proyectó y te fuiste a ver qué había en ellos. Me costó un poco de trabajo seguirte el rastro, pero traté de no perderte de vista. Aunque en algún punto sí te perdí y dejé que solo volvieras aquí. Necesitabas pensar. ¿Qué encontraste?"

"Las vi a ellas, a las brujas. No sé si lo sean, pero así las llamo porque me lo parecen. Hicimos un trato y fueron a cumplir su promesa, aunque no siento que haya servido de algo si al final todavía no sé qué quiero."

"Te vi con ellas. Hay mucho de ellas en ti y de ti en ellas."

"No comprendo."

"Aquí, la mente inconsciente suele tomar cualquier forma para hacerse lúcida y consciente. Estabas cumpliendo una promesa contigo, con tu propia oscuridad interior para evitar traicionarte. No es fácil asomarse a esos abismos que habitan dentro de nosotros, pero lo hiciste y aquí estás."

"Y tú, ¿entonces también eres una proyección de mi mente inconsciente?" Ella lo niega y vierte un poco más de agua tibia sobre tu cabeza.

"Recuerda que soy una manifestación de las intenciones de otros, una respuesta al llamado de aquellos que me han convocado para asistirte. Yo no soy un producto de tu mente, soy parte de la mente, energía en movimiento."

"Si decido continuar y ver qué hay más adelante, ¿qué pasaría?" Tara te lanza una sonrisa cómplice.

"Eres curioso. Por eso no puedes decidir. Todo tiene sentido."

"Solo me gustaría saber qué hay más adelante."

"Más adelante el camino sigue, solo eso. Ustedes los humanos son viajeros eternos, buscadores errantes. Habrá más experiencias, tenlo por seguro, pero eso solo puedes saberlo cuando vayas ahí."

"¿Y si decido avanzar y ya no puedo volver?"

"Toda acción tiene una reacción. Es naturaleza. Esa es la gran libertad que la vida humana ofrece, poder elegir. Elige bien."

"¡Eso mismo dijeron las brujas!"

"Y acertaron. No luches contra esa curiosidad interior. Sumérgete en ella y tal vez ahí encuentres las respuestas que buscas. Lo que decidas estará bien." Suavemente te quitas de sus piernas y te pones frente a ella. La miras y ella a ti con esa infinita compasión divina.

"Voy a hacerlo. Cederé a mi curiosidad y veré qué ocurre después." Tara te sonríe y te hace una reverencia breve con la cabeza. Te sumerges en el agua y nadas hasta la orilla de la fuente para encontrarte con las escalinatas y salir. Mientras tu cuerpo desnudo emerge del agua, tus ropas se materializan en el aire como lienzos de tela que caen suaves sobre tu piel y te cubren. Sales de la fuente y le devuelves la reverencia a Tara. Te diriges a la escalera que asciende tan alto hasta perderse en medio del cerúleo cielo y comienzas a subir uno a uno los escalones dorados flanqueados por hermosas flores de loto. Al poco tiempo pierdes de vista a Tara y la majestuosa fuente con el gran loto. *¿Y si esto también es producto de mi mente?, ¿cómo saberlo?* Avanzas. A tu alrededor no hay más que cielo y nubes grises que se deshacen cuando las atraviesas. Notas con extrañeza que tu respiración es más fluida y profunda. El aire entra en tus pulmones con una facilidad que no habías experimentado antes. Aprietas el paso y sigues subiendo. No sabes cuánto has ascendido ni qué tan alto estás, pero las escaleras flotan en medio de la nubosa inmensidad, suspendidas por alguna fuerza que tal vez no llegarás a comprender.

De pronto, allá arriba, varios metros más adelante de ti, ves una silueta luminosa que también se va acercando hasta donde estás. Sigues subiendo y algo en tu interior sonríe cuando al fin descubres que se trata del ser de luz. Tu boca se convierte en una sonrisa casi sin darte cuenta. Te da mucha calma y felicidad verlo de nuevo. Cuando ambos se acercan lo suficiente, de manera impulsiva lo abrazas. El ser te abraza también y puedes ver en ese rostro, que contiene el universo entero, una sonrisa.

"Veo que has decidido al fin." Asientes. "Si estás seguro, adelante. Te acompañaré hasta donde me sea posible." El ser te abre paso para que camines delante de él y ambos empiezan a subir de nuevo.

"¿Por qué te fuiste?", le preguntas tratando de que no suene a reproche.

"No me fui del todo, estuve cerca. Aun así, debía dejar que decidieras y resolvieras por ti mismo, es parte del proceso."

"¿Y cómo estuviste cerca?"

"En cada resolución que elegiste, en cada palabra que dijiste y en cada acción que llevaste a cabo mientras resolvías eso que por fin resolviste. Soy parte de esa voz en tu interior que te ayudó a saber qué caminos elegir."

"Siento que debería estar más alegre por haber podido encontrar el propósito de venir aquí. Sí lo estoy, pero siento que no es suficiente. Me preocupa mucho el después y quizá por eso dudo mucho en volver."

"Ningún exceso de preocupación va a alterar o resolver el futuro. Las cosas serán como deban ser y tendrás que aceptarlo."

"No sabré qué hacer si la vida que hasta entonces llevaba cambia por completo."

"Tampoco sabías muy bien qué hacer cuando llegaste aquí, pero te has dejado guiar y confiaste en tu intuición. Has hecho un esfuerzo por comprender aquello que al inicio era ajeno a ti y lo lograste, supiste qué hacer. Allá también sabrás."

Las palabras del ser son como un bálsamo que apacigua tu ruido interior. Cuando él habla todo deja de gritar, se aleja el miedo y viene la calma. Te sientes bien de haberlo encontrado otra vez y te preguntas qué harás sin él si es que decides volver. Luego vuelve a ti la imagen de tu cuerpo, allá en la cama del hospital. Sabes que ya no es el mismo que una vez tuviste. El largo y lento paso de los días lo ha cambiado por completo y la idea de no ser capaz de hacer lo que antes podías se siente como un escalofrío profundo que te crispa los nervios. *¿Qué haré si no puedo retomar mi trabajo? No puedo darme el lujo de no trabajar. Ellos me necesitan. Yo lo necesito. En cambio, si me voy, tal vez no sea tan malo; muchos* *escritores han tenido más éxito después de muertos que en vida, ¿por qué sería yo la excepción? Mis padres ya no tendrían que preocuparse por trabajar, la editorial se encargaría de todo y tampoco tendrían que responsabilizarse de un hijo que ya no sería útil. No puedo regresar sabiendo que seré una carga, no lo soportaría. ¿Y Él? No sería fácil y sé que le costaría continuar, pero lo haría. Conocería a más personas y tal vez serían mejores, gente que sí será aquello que yo no pude llegar a ser para él y que le darán eso que tampoco supe cómo. Con el tiempo, dejaré de hacer falta y la vida se les acomodará de nuevo. Será como haber puesto orden al caos inicial de una pesada y difícil mudanza.* De pronto, la profunda y apacible voz del ser de luz te regresa al presente.

"¿En qué piensas?"

"En nada." Mientes. Pero no tiene caso que le cuentes, no quieres.

"¿Sabes a dónde llevan estas escaleras?"

"No. Pensé que tú sabías porque me encontraste aquí."

"Sabía que debías estar aquí, pero no sé cuál es nuestro destino."

"Tara dijo que solo debía subir, pero no sé hasta dónde."

No pasa mucho tiempo para que obtengas una respuesta. Poco a poco el azulado cielo poblado de nubes lenticulares empieza a pintarse de tonos más oscuros —cobalto, marino e índigo— hasta llegar a una infinita nada de profunda negrura que, a pesar de eso, no se come la luz. Pronto, las escaleras llegan a su fin y te ves pisando una superficie invisible que te sostiene en medio de esa oscuridad envolvente. El ser llega tras de ti después de unos instantes. Es el único punto de luz en el lugar.

"Pensé que sería más emocionante", dices con ironía. Vuelves la vista a las escaleras y estas han desaparecido. Ahora solo hay kilómetros y kilómetros de vasto y oscuro vacío. Miras a tu alrededor tratando de encontrar algún punto de referencia, pero no lo hay y tampoco puedes regresar por aquellas escaleras.

"Tal vez debemos seguir subiendo." El ser te toma de la mano y comienzan a elevarse en el aire. A medida que avanzan, la oscuridad es rasgada por el brillo que el ser emite con su celestial y etéreo cuerpo de luz.

"¿Sabes a dónde vamos?"

"No, pero si seguimos quizá lleguemos a algún lado."

Continúan volando a través de la infinita penumbra pero a medida que avanzan, es más complicado para el ser jalarte con él, como si la negrura te impidiera avanzar atascándote en medio de la nada.

"Esto es muy extraño", dice el ser intentando encontrar alguna explicación.

"Estoy atorado, algo me impide seguir subiendo…", respondes mientras intentas moverte.

Pronto, ante ustedes, se dibuja la descomunal silueta de un ser desconocido sin rostro y sin forma definida que ninguno puede reconocer. La figura, apenas perceptible por un fino y tenue halo de luz, parece ser el tronco y la cabeza de alguien que no tiene interés en revelar su identidad. Sus movimientos dan la sensación de irse acercando y, mientras lo hace, provoca un estruendo amortiguado, parecido a estar bajo el agua, pero con la suficiente fuerza para estremecer todo el lugar. El sonido es envolvente y comienza a ser ensordecedor.

Entonces, sin previo aviso, sientes algo en el pecho, un toque que, con brutal fuerza, te empuja hacia atrás y te hace salir disparado en medio del oscuro vórtice como si se hubiera tratado del dedo de un gigante mandándote a volar. Es tan repentino que el ser de luz no tiene tiempo de reaccionar y lo único que puede hacer es ir tras de ti volando a toda velocidad mientras sigues cayendo en medio de la oscuridad a una velocidad insólita. Al poco tiempo, la oscuridad comienza a degradarse en colores púrpuras, violetas, lilas y luego azules hasta volver a ese cielo por donde iniciaste tu ascenso en aquellas escaleras.

Te das cuenta de que no tienes miedo de aquella caída libre; no te asusta la altura y tampoco la velocidad porque tu mente está en otro lado, viendo la película de todo aquello que has vivido estando ahí. Cierras los ojos y vienen a tu mente los recuerdos como estampida: el encuentro con el niño que fuiste en la cabaña, la infancia de tu abuelo, tu abuela, la juventud de tu padre, incluso aquellas viejas brujas y, por supuesto, Tara.

Al abrir los ojos, ves a lo lejos, por encima de ti, un punto de luz que se acerca a toda velocidad. Es el ser que quiere alcanzarte para salvarte de la caída. Le extiendes los brazos como si fueran a estirarse para tratar de alcanzarlo mientras sigue volando con lo que parecen ser enormes alas hechas de luz. Caes a tanta velocidad que la distancia entre tú y el ser parece no acortarse; aun así, él intenta con todas sus fuerzas acercarse. Estiras un brazo para tratar de tomar su mano y al fin lo logras. El ser te sostiene mientras bate sus enormes alas para intentar frenar la velocidad de la caída, pero la potencia es tan inmensa que sus esfuerzos no tienen éxito. Ambos siguen cayendo sin probabilidad alguna de que algo los detenga hasta que, de pronto, la fuerza de las alas del ser de luz empieza a surtir efecto y la velocidad comienza a descender lentamente hasta detener la caída.

El ser logra sostenerte con ambas manos mientras permaneces colgado en el vacío y momentos más tarde logra cargarte en sus brazos. Te fijas en sus luminosas y hermosas alas, que parecen hechas por rayos de sol cuya luz no es cegadora y disuelven las nubes a su alrededor. El ser brilla más que nunca y te observa, le alegra haber podido llegar a tiempo por ti y comienza a volar de nuevo, pero hay una sensación extraña en tu pecho, como un presentimiento al que debes hacer caso y se incrementa a medida que suben otra vez.

"¡Espera!" El ser se detiene y te mira, puedes notar la confusión en su rostro. "Necesito un momento." Una sensación en tu pecho crece y descubres que es algo muy parecido a la melancolía. Nace en ti, como un fuerte estallido, la rarísima sensación de extrañar todo lo que ya no va a ser, lo que pudo y no será. El agua de tus ojos comienza a caer al vacío como pequeños diamantes que refulgen con la luz y entonces dejas de luchar, te rindes y por fin te das cuenta de que no puedes irte y tampoco quieres. No estás listo y nunca lo estuviste, solo tenías miedo y dejaste que tu mente se adelantara a los posibles escenarios. Por un segundo te avergüenzas al reconocer que estabas huyendo, que querías tomar la salida fácil y, de haberlo hecho, habrías tirado el esfuerzo de tantas personas que allá, del otro lado, han hecho por mantenerte con vida.

Te limpias las lágrimas sin dejar de pensar en aquellas cosas por las que todo eso ha valido la pena y los motivos que sí tienes para volver y poder continuar, aunque no sepas bien cómo o en qué condiciones. Sabes que nadie allá se ha rendido a pesar del dolor, la angustia y la incertidumbre. *¿Por qué lo haría yo? ¿En qué estaba pensando?* Fuiste presa de un exceso de autocompasión que terminó por convertirse en lástima hacia ti mismo y por un momento te creíste el drama de tu propio cuento. Sabes que no volver hará que todo eso que has vivido sea en vano. Regresar es la única manera de darle significado. Ya lo entendiste.

"¡Suéltame, déjame caer!" El ser de luz ladea la cabeza en señal de extrañeza. "¡Ya lo entendí todo! No había querido verlo. Pero ya lo entendí. Necesito volver."

"¿Estás seguro?" No hay juicio ni desaprobación en las palabras del ser. Lo entiende y en su infinita compasión quiere asegurarse de que sea lo que realmente quieres.

"¡Lo estoy! Nunca he estado más seguro de nada. Suéltame, por favor. Estoy listo." El ser asiente con gentileza y te mira.

"¿Qué pasa?"

"No importa a dónde vayas, siempre voy a estar muy cerca, ahí dentro." Y con su dedo de luminosos filamentos señala tu pecho.

"Yo soy tú y tú eres yo." El ser asiente de nuevo. A eso se refería cuando te lo dijo la primera vez, pero todo era nuevo para ti. Ahora tiene sentido y puedes comprenderlo.

"Prometo que voy a estar bien."

"No tengo ninguna duda." Te limpias los ojos llorosos, le sonríes y sabes que te devuelve la sonrisa. El agradecimiento te inunda la mirada y él puede verlo.

"Cuando quieras." El ser retira sus brazos y te deja caer. En ese instante el tiempo parece ir más lento. Ves cómo poco a poco te alejas de él y al hacerlo te das cuenta de que un rostro se dibuja en ese fondo de brillantes puntos para darle por fin una cara a ese ser que, durante todo este tiempo, has sido tú mismo. El ser de luz que ahora tiene tu rostro te sonríe a lo lejos mientras te ve caer y le sonríes hasta que se convierte en un diminuto punto de luz que se pierde en la lejanía. Cierras los ojos y te entregas a la sensación de la caída y el viento salvaje contra tu cuerpo que agita tu pelo. Ya no hay miedo, solo gratitud y una inexplicable confianza porque sabes que no te equivocaste. Entonces la caída se detiene de golpe y abres los ojos. Ves cómo la oscuridad termina y poco a poco todo se vuelve a iluminar. Ahí, en ese instante, por fin comprendes que la oscuridad tuvo un propósito: permitirte ver con claridad lo que pasa afuera y dentro de ti, porque no se puede alcanzar ninguna luz sin atravesar antes la penumbra, y darnos cuenta de esa luz es, quizá, lo verdaderamente importante de seguir aquí.

Ya está. Pasó. VOLVISTE.

Veinte
al despertar

Y sí volví. Cuando lo hice, pasó al menos una semana más antes de que pudiera abrir los ojos por completo y permanecer despierto. Luego de muchos días dormido e infinidad de complicaciones, un día por fin los abrí y tardé mucho tiempo en ubicarme en el espacio. Todo daba vueltas y la luz era muy molesta.

Lo primero que vi al poderme mantener despierto más tiempo fue el rostro de mi médico responsable. Lo reconocí casi de inmediato. Dejó que me desperezara y volviera en mí. Cuando lo hice me explicó que la intubación había funcionado, pero no como esperaban, y por eso surgió la necesidad de realizarme una traqueotomía, que consiste en hacer un orificio de manera quirúrgica en la parte delantera del cuello y en la tráquea para conectar el oxígeno por ahí y que el aire pudiera llegar más fácil y rápido a los pulmones. Por eso la cicatriz circular que ahora tengo en medio del cuello y por la que tanto me preguntan. Siendo franco, la llevo con bastante orgullo, como una medalla que me recuerda la batalla que gané.

Mi médico me explicó que estuve veintidós días intubado, pero no podía continuar así porque las complicaciones posteriores son mayores y el tubo pudo haberse encarnado, lo que habría supuesto una cirugía de esófago que prefirieron evitar. No sabían cuánto tiempo la iba a tener. Me dijeron que había pacientes que se la quedaban de por vida y otros solo la necesitaban unos cuantos días o quizá semanas. El caso es que ahora respiraba por la garganta y eso ayudaba a que mis pulmones hicieran el menor esfuerzo posible. Por supuesto, no podía hablar y eso es, tal vez, lo más desesperante y angustiante que me ha tocado vivir, además de no poder respirar, claro está. Entiendo tanto a Ariel.

Me di cuenta de que sin voz perdí parte de mi identidad, era como si me hubieran arrebatado un poder, algo que también me hace ser quien soy y que en ese momento no era porque no estaba conmigo. Me sentí vulnerable y desprotegido. Nuestra voz es una herramienta, un arma y una defensa, pero yo no tenía nada de eso. Fue muy frustrante no poder comunicarme con el mundo que me rodeaba, hasta que a mi familia se le ocurrió la idea de hacerme pictogramas que consistían en hojas con letras y símbolos que yo podía señalar para indicar lo que necesitaba: hacer del baño, si sentía dolor, molestia o tenía hambre o sed, entre otras cosas. Fue bastante útil y me pareció de lo más ingenioso.

Conforme pasaron los días, dejé de usar los pictogramas y me aventuré a pedir una libreta, eso me ahorraría tener que darme a entender con señas y dibujitos porque las hojas ya estaban muy maltratadas de tanto usarlas. Pero me enfrenté a otro problema: mi brazo no tenía la potencia suficiente para escribir. Me costó encontrar la fuerza para al menos hacer una letra medianamente legible. Aun así, funcionó. Mientras más escribía, menos complicado era para mi brazo hacer los trazos y aunque mi letra seguía siendo horrenda —y todavía lo es—, al menos ya era más fácil de leer. Fue como volver a la primaria.

Luego de algunos días, empecé a recordar todo lo que había pasado mientras dormía. Al inicio parecía como un sueño lejano de imágenes vagas y borrosas, pero conforme pasó el tiempo, los recuerdos, lejos de hacerse difusos, volvieron a mi mente de forma vívida, como memorias de algo que sabes que ocurrió y no sabías que aún recordabas. Me acordaba de todo y fue bastante abrumador. Pude experimentar de nuevo cada sensación, aroma y emoción que viví. Mis manos y mi piel recordaron las texturas como si las hubiera tocado el día anterior. Recordé el miedo que sentí y lo mucho que lloré. No supe cómo interpretar todo eso ni qué significado darle, solo sabía que ahí estaba, que lo tenía todo muy fresco y necesitaba asimilarlo.

Como yo seguía sin hablar y sin mucho que hacer más allá de los estudios y pruebas de laboratorio que me realizaban a diario, tuve mucho tiempo para recordar y poner todo en orden, así que decidí empezar a escribirlo. Mientras más escribía, más detalles recordaba, y la emoción regresaba con más fuerza. No escribí todo lo que vi en orden cronológico porque los recuerdos me llevaban de un lugar a otro, pero sabía que era algo que había pasado. Ya encontraría después el tiempo para ordenarlo y reconstruir el viaje, pero entonces necesitaba escribir y dejar constancia de eso que en mi mente permanecía tan vivo como una película.

Mientras tanto, mis doctores y doctoras intentaban quitarme el tubo de la traqueotomía y enseñarme a respirar otra vez por la nariz. Fue terrible. Mi cuerpo había olvidado cómo respirar de manera natural. Cuando me tapaban el orificio del cuello para que yo jalara aire por la nariz, mi instinto era jalarlo por la garganta, ni siquiera por la boca. Mi nariz dejó de funcionar y a mí me daba mucha ansiedad sentir que me asfixiaba mientras mis médicos, como si fueran entrenadores de gimnasio, me animaban a respirar por la nariz. “¡Jala aire, jala aire!” “¡No abras la boca, tú puedes, relájate!" Pero era inútil, no podía, no sabía cómo y me daba miedo ahogarme. Pero luego de ocho días exactos, al fin pude empezar a respirar por la nariz, y a los diez días me quitaron el tubo, sellaron el orificio con gasas y curaciones para que empezara a cicatrizar y me conectaron puntas nasales a oxígeno normal —dos litros por minuto— y ya no al de alto flujo que necesitaba cuando recién ingresé. Ahora lo que me apuraba era saber cuándo iba a recuperar la voz y quizá eso iba a tardar de una semana a tres meses, pero me sorprendí al darme cuenta de que a los tres días ya podía empezar a emitir sonidos. Al inicio hablaba en forma de susurros débiles que poco a poco fueron adquiriendo tono y fuerza. Cuando recuperé el sonido, mi voz era trémula y con disfonías. Era gracioso, sonaba como un tipo de vibrato distorsionado y arrastrado bastante caricaturesco. Sin embargo, a la semana ya había recuperado casi por completo mi timbre y tono habituales. Sentí que mi poder y mi identidad habían regresado y a partir de ahí comenzó el largo proceso para volver a sentirme como yo otra vez.

A los pocos días recuperé mi voz por completo. Después empezaron a darme agua y alimentos muy pequeñitos para hacerme pruebas de deglución. Mientras tuve el oxígeno conectado a la traqueotomía no podía beber ni comer, me alimentaban e hidrataban vía sonda gástrica y era espantoso tener que soportar la resequedad en la boca. Por fortuna, mis enfermeras eran pequeños ángeles que me ponían gasas húmedas en los labios para sentir la sensación fresca del agua. Humedecían un poco más de la cuenta las gasas para que al menos pudiera saborear unas cuantas gotas de agua. Recuerdo incluso que era tanta mi sed que soñaba que nadaba en albercas enormes y bebía toda el agua que podía. Cuando eso pasó, empezaron las pruebas de deglución.

Debían asegurarse de que mi peristalsis actuara de manera correcta y que el agua o los alimentos no se fueran por la tráquea sino por el esófago. Luego de varias pruebas, mis médicos acordaron que podía empezar a beber agua a sorbitos. La primera vez que volví a probar agua fue como una explosión de sabor en mi boca. Le encontré un sabor como nunca. Fue como haber llegado a un oasis luego de haber caminado semanas en el desierto. Y ahí descubrí que el agua natural es exquisita, no entiendo cómo hay personas que prefieren los refrescos o los saborizantes cuando así, sola, es deliciosa.

Como el orificio de la traqueotomía aún no cerraba, debía tomar el agua agachando la cabeza para tapar el orificio con el mentón y evitar que el agua escapara por ahí. Lo mismo cuando empecé a comer. Mi dieta consistía en verduras y alguna proteína finamente picadas, casi hechas polvo, y debía comer bocados muy pequeños, masticar varios minutos y, cuando todo ya estaba hecho más que puré en mi boca, entonces podía tragarlo. Muchas veces pedí que me hicieran purés, pero mis médicos insistieron en que debía empezar a comer sólidos para entrenar de nuevo a mi estómago y recuperar mis funciones gástricas. Tenía sentido. Luego de haber pasado veintidós días intubado, sin alimento alguno más que dieta polimérica, mi cuerpo se desacostumbró a funcionar como lo hacía. Todo cambia y se atrofia. Estaba aprendiendo de nuevo a funcionar y debía ser paciente para que mi cuerpo aprendiera a ser un cuerpo de nuevo.

Al cabo de unos días más, comenzaron a autorizar las visitas familiares. La primera vez que mi madre me vio, me dio mucho sentimiento y a ella también. Fue muy conmovedor y reconfortante al mismo tiempo. Me bañaba y me sobaba los pies. Le preguntaba por mi papá y me decía que él no quería subir a verme sino hasta que yo saliera del hospital porque estaba convencido de que yo saldría caminando de ahí. No me sentí ofendido, lo entendía. No es fácil para ningún padre ver a su hijo en tales condiciones y supuse que él no soportaría verme así. Ni yo dimensionaba mi estado y mi apariencia porque no tenía espejo. Sabía que había bajado de peso, mis brazos y mis piernas adelgazaron, pero no era algo a lo que prestara demasiada atención, me ocupaban otras cosas. Así que lo entendí y también deseé poder salir lo antes posible para verlo.

Luego le tocó el turno a Él. Desde que supe que iba a ir a verme no pude contener la emoción y estaba ansioso por verlo. No podía con lo tedioso de la espera hasta que llegara la hora. Era como un niño desesperado por recibir el juguete que tanto le habían prometido y que al fin le darían. Entonces la hora llegó. Era miércoles, el día de su visita. Ese día mis enfermeras me bañaron y me pusieron muy mono para recibirlo. Cuando lo vi entrar me convertí en un golden retriever, emocionado por verlo llegar y estar con él después de lo que a mí me parecieron décadas. Sus ojos cristalinos me miraron y se llenaron de agua mientras me sonreía sin poder creer que estaba ahí conmigo. Se acercó a la cama, me tomó la cara suavemente entre sus manos y me besó la frente. Fue un reencuentro muy tierno, tanto, que mi enfermera nos dio diez minutos más de lo que teníamos permitido. No quería que acabara. Verlo era como estar en casa y, de repente, ya no necesitaba nada más. Cuando el tiempo se nos terminó, me dijo que no me preocupara, que le habían dado permiso en su trabajo para poder salir más temprano e ir a verme cada miércoles. Esa semana pude verlo también el domingo y a mi mamá de nuevo el viernes junto con mi hermano. Fui muy feliz. Ansiaba que llegaran los días de visita porque eso me sacaba de la rutina. Por fortuna no fue necesario esperar más, porque una semana después me dieron de alta. Aunque no había recuperado el peso ideal, sí fue lo suficiente como para que mis doctores y doctoras aceptaran liberarme. Ya comía un poco mejor y estaba libre de infecciones, era el momento idóneo para sacarme del hospital antes de que pudiera pescar alguna otra bacteria o virus.

Los días previos a mi salida, unos fisioterapeutas estuvieron conmigo varias horas haciendo ejercicios para que yo recuperara la fuerza y movilidad de las piernas. Fue muy impactante darme cuenta de que ya no podía sostenerme de pie porque había bajado tanto de peso que mis músculos se habían consumido. No podía siquiera sostenerme sentado más de un minuto porque me agotaba y me agitaba tanto que mi oxigenación bajaba, por lo que rápidamente pedía que me acostaran para recuperarme. Eso fue lo más complicado de mi recuperación previo a mi salida, aprender a respirar de nuevo para administrar el oxígeno y poder hacer movimientos tan normales como levantarme, sentarme, voltearme de un lado o del otro. Actividades que, para cualquier persona en condiciones normales de salud, resultan cotidianas y tan naturales que se hacen sin esfuerzo aparente y casi de manera inconsciente.

Pero yo no podía. Levantarme requería un gran esfuerzo de mi parte y mucho oxígeno. Mi ritmo cardiaco se disparaba y sentía que se me iba el aire. Descubrí lo pesado que es mover y cargar un cuerpo, más estando en los huesos. Al estar sano, muchas veces no notamos esos esfuerzos que nuestro cuerpo realiza para hacer tareas cotidianas. Pero cuando se está en el estado en el que estuve, pesando cincuenta y nueve kilos y midiendo poco más de un metro ochenta, te das cuenta de que el cuerpo realmente hace un tremendo esfuerzo por cargarse a sí mismo todos los días. Cuando nos levantamos de una silla, por ejemplo, no somos conscientes de toda la fuerza que se requiere para hacer ese simple movimiento, solo lo hacemos y ya. Yo me hice consciente de todo eso y valoré muchísimo más todo el trabajo que mi cuerpo hacía para recuperarse y seguir adelante.

Después de varios intentos lo más que logré hacer fue poder estar sentado más de quince minutos seguidos sin agotarme ni agitarme. No podía caminar todavía, ni siquiera ponerme de pie sin marearme o sofocarme y desaturar la oxigenación dramáticamente, pero poder sentarme era mejor que nada. Cuando el día de mi alta llegó, yo estaba desesperado por salir de ahí y jamás volver. Quería estar en casa, con los míos. Necesitaba nutrirme ya de la fuerza y confort que da la tribu. Yo era un saco de huesos que solo quería poder ver de nuevo la luz del sol y sentir el aire en la cara. Y pasó. Al cabo de varias horas de llenar papeles, formatos y demás trámites burocráticos que mi madre y su yerno se encargaron de ordenar, además de empacar todas mis cosas, ambos trajeron a dos camilleros que me ayudaron a sentarme en la silla de ruedas, me acomodaron mi tanque de oxígeno y nos escoltaron al estacionamiento donde ya nos esperaban dos autos: el de mis padres, que llevaba muchas cosas que iba a necesitar para mi recuperación, y otro de una amiga de Él, que amablemente se había ofrecido a recogerme y llevarme a casa de mis padres, donde pasaría los meses siguientes en recuperación, porque no podía valerme por mí mismo: si ni siquiera podía ir al baño solo, mucho menos podría hacer tareas más demandantes como bañarme o cocinarme; necesitaría cuidados especiales y muchísima asistencia. Era como descubrir el mundo por primera vez.

Agradecí tanto y desde lo más profundo de mi ser poder tener de nuevo la oportunidad de estar ahí, afuera, y seguir en el mundo. Disfrutar de algo tan simple como el exterior y el cielo azul me hizo muy feliz en ese momento y no necesité nada más. Lo tenía todo.

Con mucho trabajo logré treparme en el auto y me dejé caer sin fuerzas en el asiento, que recliné para ir más cómodo pues estar acostado me ayudaba a no marearme ni sentir esfuerzo. El simple hecho de sostener mi cabeza con el cuello sin cansarme o agitarme era demasiado para mí. El trayecto a casa fue espantoso. Tres horas de tráfico y dos bolsas llenas de vómito porque no aguanté tantas emociones fuertes, pero llegamos. Me bajaron del auto entre mi hermano y Él y me acostaron en el sofá de la sala. Llegar a casa se sintió como una bocanada de aire fresco. Nada me preocupaba y no necesitaba nada. Me sentí a salvo y mi vulnerabilidad de pronto se esfumó. Estaba rodeado de la gente que amo y eso me hizo sentir paz. Ahora lo que seguía era la recuperación, pero no tenía miedo ni prisa. Sabía que no iba a ser sencillo, pero decidí ser paciente y confiar en que mi cuerpo iba a saber sanar poco a poco. Después de todo, lo peor ya había pasado y estar ahí de nuevo era lo único y lo más importante.

Veintiuno

acerca de sobrevivir

Ahora que ha pasado el tiempo y puedo ver todo en retrospectiva, tengo más claridad y comprensión de lo que me sucedió. Las personas casi nunca nos imaginamos al borde de la muerte y cuando pasa y logramos salir, es como haber salido de un sueño. Hoy escribo esto a poco más de un año de haber atravesado por ese pasaje de mi vida y todavía hay días en los que me parece muy surreal verme al espejo y darme cuenta de que sigo aquí. Mi recuperación posterior en casa de mis padres fue tan veloz que mis médicos no podían creerlo. A la semana de estar en casa pude empezar a ponerme de pie yo solo. No duraba mucho, pero podía hacerlo a pesar de pasar la mayor parte del tiempo acostado. Mi apetito mejoró de manera impactante. Tenía hambre todo el tiempo y a todas horas y, como estaba en fase de volver a recuperar lo perdido, no había restricciones en mi dieta. Comía de todo y todo se me antojaba. Fui muy feliz de no contar las calorías y a partir de ahí dejé de hacerlo. Todavía sigo pensando que mi mejor medicina fue la comida de mi papá y los cuidados de Él, mi mamá y mi hermano.

Como empecé a comer de manera más regular, a las dos semanas empecé a caminar; fueron pequeños pasos para la humanidad, pero grandes para mí. Luego empecé a sentir confianza para bañarme yo solo, aunque fuera sentado en un banco dentro de la regadera, pero ya no me mareaba y había aprendido a moverme de tal manera que evitaba agitarme para no requerir mucho oxígeno. Hacer todo eso conectado 24/7 al tanque me facilitaba mucho las cosas. El concentrador de oxígeno y el tanque se convirtieron en mis mejores amigos, no podía hacer nada sin ellos y tenía que estar conectado en todo momento, aunque solo estuviera leyendo o viendo la tele.

Nada de eso resultó tan complicado como imaginé, después de un tiempo me habitué a entrenar a mi cuerpo para que volviera a acostumbrarse poco a poco a los esfuerzos de la vida diaria. Pero lo que sí fue en verdad complicado, y además doloroso, fue la primera vez que me vi al espejo. Durante toda la estancia en el hospital jamás tuve uno y las primeras semanas en casa de mis padres tampoco tuve oportunidad de ver mi reflejo. Pero un día, cuando me metí a la regadera, vi que habían colocado un espejo que hacía falta sobre el lavamanos y ahí dimensioné todo. No me reconocí. Me asusté, luego me sorprendí y al final lloré. Era otra persona. Hasta ese momento no tenía idea de cuánto había cambiado mi cuerpo. Mis brazos y mis piernas eran hilos, las costillas se me marcaban y los pómulos se volvieron prominentes bolas que sobresalían de mi rostro. Mis clavículas se marcaron tanto que lo único que evitaba que se viera el hueso era la piel delgada que los cubría. Fue muy impactante verme así, pero lejos de sentir lástima o rechazo, sentí amor, compasión y gratitud. Mi cuerpo perdió los músculos que tenía, la fuerza y la movilidad, sí, pero estaba ahí, sanando y ayudándome a seguir aquí. No pude juzgarme ni sentir desprecio por el sujeto que vi. Al contrario, lo abracé y le prometí que sanaríamos. No había prisa, así que fui paciente, respiré profundo y asumí el reto que tenía enfrente, lo acepté y me decidí a recorrer ese camino sin soltarme y siendo amoroso conmigo y con ese cuerpo que había logrado sobrevivir básicamente de milagro. Empecé a recuperar peso y hacer más cosas solo sin tanta ayuda, más que de mi oxígeno. Pude por fin bañarme de pie sin ayuda del banco y empecé a subir y bajar escaleras yo solo aunque me tardara veinte minutos.

Mis médicos se sorprendían cada vez que me veían. Mi recuperación avanzaba a pasos agigantados y pronto empezaron a darme de alta algunos especialistas, como mis reumatólogos y los psiquiatras, hasta que poco a poco dejé de ver a muchos y al final solo me quedé con mi neumóloga y mis médicos de rehabilitación pulmonar. Incluso mis nutriólogas, que estaban por acabar su doctorado, me preguntaron si podían usar lo que viví como ejemplo de caso de éxito para sus tesis por lo insólito de mi recuperación. Por supuesto que accedí. Aparecer en una tesis como caso de éxito es el mejor halago que me han hecho en la vida. Ese tipo de cosas me hicieron cuestionarme por qué tenía tanto miedo de regresar cuando estaba allá, muy lejos de aquí. Y creo que la respuesta es porque quería evitarles el sufrimiento a los que amo de verme deteriorado si es que mi cuerpo no hubiera reaccionado como lo hizo. Para mí habría sido muy doloroso darle a mi familia la responsabilidad tan grande de hacerse cargo de mí en otras condiciones y creo que no lo hubiera soportado. Pero sé que con todo el amor del mundo lo habrían hecho sin importar lo que implicara, porque eso hacen las familias cuando hay amor, cuidar incondicionalmente. Sé que así hubiera sido, pero me alegra mucho más que todo haya sido como fue.

Recuerdo que, en una de las consultas con mi neumóloga, le pregunté por qué todos mis médicos, incluyendo ella, estaban tan sorprendidos con mi recuperación. Yo pensaba que no era el único paciente que había logrado salir adelante, pero mi sorpresa fue enterarme de que menos del 20% de los pacientes intubados sobreviven, y es aún más complicado en un estado de neumonía tan avanzado como el que tuve. Eso me dio una perspectiva muy diferente de las cosas. Sí era casi un milagro, algo muy poco usual, y yo soy parte de ese diminuto porcentaje. A partir de ahí empecé a darle muchas vueltas al significado y valor de ser sobreviviente. Fue así como llegué a la conclusión de que todos somos sobrevivientes, no importa de qué. Una relación, una mala racha, un cambio inesperado, la enfermedad, la pérdida de alguien amado. Todos seguimos aquí a pesar de haber atravesado umbrales de los que creímos que no íbamos a poder salir. Eso es importante, asumirnos como sobrevivientes en algún punto de la vida nos da otra perspectiva de nuestra existencia. Hace que dejemos de dar todo por sentado y nos conecta con el momento presente de una forma más consciente.

Pienso que muchas veces, cuando logramos sobrevivir a un evento canónico que marca un antes y un después en nuestro andar, lo damos por hecho y no nos detenemos a pensar en todo lo que tuvo que ocurrir, lo que tuvimos que hacer, sacrificar y aprender para que eso sucediera; a veces solo continuamos y ya. Nos volcamos de lleno otra vez en la vorágine de la existencia para seguir viviendo porque es lo que toca, lo que hay que hacer. Y creo que detenernos a hacer esa pausa resignifica muchas cosas y nos da otra perspectiva. Piensa en ese momento de tu vida que te marcó y al cual sobreviviste, no importa de qué naturaleza haya sido, pero tráelo a tu mente. Obsérvalo y recuerda todo lo que tuvo que pasar y lo que tuviste que hacer para seguir aquí, para estar leyendo estas páginas. Seguro son muchas cosas en las cuales no te habías detenido a pensar porque solo lo superaste y ya, seguiste con tu vida. Pero que hoy seas sobreviviente a eso y sigas aquí es una hazaña que, creo, debes reconocerte, celebrarte y agradecerte. Yo celebro que, sin importar lo que sea que hayas sobrevivido, sigas aquí.

Por supuesto que asumirnos como sobrevivientes no es del todo fácil al inicio. Es un proceso que lleva tiempo y mucha autoconciencia. Yo mismo tardé muchos meses en asumirlo en su totalidad. Al inicio todo era como haber regresado de una pausa. Fue como haber prendido de nuevo la luz en la habitación luego de apagarla por unos instantes. Yo estaba tan lejos de aquí y tan dormido que no fui consciente del tiempo que los demás a mi alrededor sí experimentaron y que seguro debió transcurrir lento. Yo solo abrí los ojos un día, regresé a esta realidad y empecé a caminar de nuevo, a hacer, a ir y venir, a retomar cosas, a reaprender otras, continué sin más. Fue hasta después de varios meses que empecé a sentir el peso de lo que había pasado y que no fue cosa menor. No fue un sueño lo que viví, ni en el hospital ni en esos sitios a donde fui, todo fue real, y todo eso tuve que aprender a integrarlo a mi realidad muy despacio para que el choque emocional no fuera abrupto. Sin embargo, cuando inicié ese proceso de reajuste fui entendiendo muchas cosas y pude empatar mi realidad con aquella otra que también viví. Me concebí a mí mismo, y lo sigo haciendo, como alguien que sobrevivió con todo el peso que ello conlleva, con toda la consciencia y el agradecimiento que es inevitable sentir. Asumirnos sobrevivientes son palabras mayores, es algo que forzosamente nos da otra visión de lo que nos rodea y nos da la seguridad de que haber logrado algo así valió la pena. Con eso no quiero decir que todos los que hemos sobrevivido nos tengamos que convertir en una especie de paladines, héroes o ejemplos a seguir y que ahora debamos ir por la vida evangelizando a todo el mundo para animarlos a vivir la vida al máximo y siendo sus mejores versiones, no. Solo creo que después de haber pasado situaciones que pudieron borrarnos del mapa, seguir aquí debe ser algo que cuente, algo con mucho más significado y propósito, aunque sea solo a nivel personal e interno.

Mentiría de forma descarada si te digo que luego de lo que he pasado y superado ahora soy un santo o un iluminado cuyo nivel de consciencia es tal que puedo tener la autoridad de decirle a la gente cómo llevar su vida. Por supuesto que no. Y he comprobado que muchas personas, luego de sobrevivir a eventos traumáticos, suelen romantizar demasiado las cosas y adquirir aires de superioridad moral y pureza. No es así. Por supuesto que hay cambios y las emociones y los pensamientos se reformulan, pero no nos volvemos Buda. Yo sigo estando muy lejos de serlo. Todavía me enojo por ciertas situaciones, me dan miedo otras y me preocupan algunas más. A veces continúo siendo víctima de mis defectos, que son muchos. Pero sí noté un par de cambios: procuro ya no preocuparme por cosas que no valen la pena y no le doy tiempo de mi mente ni espacio emocional a cosas que no lo merecen o que no puedo controlar. Y también, como expliqué antes, he aprendido a estar un poco más en el momento presente sin querer salir corriendo a escudriñar el futuro o sentir la ansiedad de volver a revisar el pasado. Solo estar aquí y ahora el mayor tiempo posible, porque es lo más sano y donde más paz se puede encontrar.

Puede ser que nuestra sobrevivencia, la tuya y la mía, hayan sido producto de muchos factores, pero cada uno de esos elementos fue importante y aportó algo que hizo la diferencia y que, de no haber estado, ni yo estaría contándote esto ni tu leyéndolo. Y hoy por eso puedo decir, sin temor a equivocarme, que seguir aquí es de las cosas más afortunadas que me pueden estar pasando, y si la razón de eso es para que yo tuviera oportunidad de volver y compartir todo esto contigo, pues creo que ha valido toda la pena del mundo.

Veintidós
aquí estoy, aquí sigo

Pues sí, así resultó aun con todo y los pronósticos reservados, mis miedos y la incertidumbre. Pero así sucedió y tenía que hacer algo con todo eso. No podía continuar así y nada más. Necesitaba algo que me ayudara a integrar todo eso y convertirlo en algo más grande que yo para ponerlo al servicio de los demás. Siempre he pensado que no hay labor humana más noble que dar servicio a otras personas a través de nuestras vivencias y aquello que sabemos hacer. Yo tuve una experiencia y sé escribir, es lo que me gusta y creo que me he vuelto mejor con el paso del tiempo, así que tenía que usar eso para crear algo mucho más trascendente que mi propia experiencia. Y así nació este libro.

Esto ha sido quizá lo más complicado que he escrito hasta la fecha. Terminarlo fue como subirse a una montaña rusa por lo que emocionalmente implicó. Pasé muchas horas frente a la computadora analizando, pensando y repensando. En muchas ocasiones necesitaba silencio y estar completamente solo. Sé que escribo algo muy personal porque me toma mucho tiempo, me cuesta trabajo e incluso me incomoda. Aquí he abierto las puertas de mi intimidad, incluso me he atrevido a salir de un closet y he confesado cosas tan personales que ahora solo sabes tú y quienes lean estas páginas.

Recordar todo lo que has leído ha sido difícil. Exponer y compartir esos pasajes tan íntimos ha sido todo un reto. En definitiva, es mucho más sencillo tomarme las fotos con poca ropa que me gusta subir a Instagram que lo que he hecho en estas páginas. Esta clase de desnudo cuesta mucho trabajo y es doloroso. Pero tenía que contarlo y ponerlo en letras porque yo mismo necesitaba integrar y explicarme muchas cosas de esa experiencia.

Sé que allá afuera habrá algunos escépticos que pensarán que todo se trató de un gran sueño o alucinaciones, pero yo sé que no. He aprendido a distinguir entre los sueños y las experiencias fuera del cuerpo porque tengo algo de práctica en ello.

Como he dicho antes, los primeros se vuelven borrosos con el paso del tiempo, difusos y lejanos, mientras que los segundos se sienten tan reales y claros como recordar lo que cenaste ayer en la noche o el viaje que hiciste en tus últimas vacaciones. Eso me pasó. Lo tengo todo muy presente en mi memoria y siento todavía lo que experimenté con mis cinco sentidos. Por supuesto, puedes elegir creerme o no, ahí no tengo jurisdicción, pero yo necesitaba plasmar todo eso en letras, dejar mi testimonio de las cosas que me ocurrieron cuando llegué a ese estado donde la línea que separaba mi vida de la muerte se volvió muy fina y delicada. Es cierto que nunca morí clínicamente, pero sí llegó un punto donde mi cuerpo respiraba solo gracias a una máquina y ahí, en ese estado, supongo que es cuando viví todo lo que aquí he relatado. Me parecía importante compartirlo porque son muchas las personas que también han tenido experiencias similares y no las van contando por ahí por miedo a ser tachados de locos. Yo mismo, escribiendo estas líneas, siento un poco de miedo de ser tachado de loco, pero no me importa. Es mi experiencia y solo yo conozco la realidad de lo que viví. No tengo cómo demostrarlo, pero tampoco debo convencer a nadie de nada porque al menos logré que leyeran una historia entretenida que me emociona mucho poder contar.

En los años que llevo ejerciendo la noble labor terapéutica, me he podido encontrar con las historias de algunos pacientes que han acudido a terapia justo para trabajar estas experiencias luego de haber vivido traumas o alguna situación importante y delicada, casi siempre relacionada con un tema de salud y hospitalización, pero también he conocido a personas que no necesariamente han tenido que vivir algo así para tener, lo que yo llamo, experiencias alteradas de conciencia fuera de sus cuerpos y sin el uso de algún fármaco o droga. Mi labor en consulta no es juzgar o poner en duda esas experiencias, sino ayudar a los pacientes a encontrar un significado para poder integrarlas a su vida. Eso mismo es lo que este libro significa para mí, la manera terapéutica de poder integrar todo eso que viví a mi experiencia humana.

Mientras escribo esto, se me viene a la mente la vivencia que un tío, hermano de mi papá, tuvo cuando fue ingresado al hospital de emergencia debido al disparo que recibió en un costado, producto de un asalto. En su caso, él sí murió clínicamente durante un minuto y medio. Mi padre dice que varias semanas después de salir del hospital, mi tío empezó a recordar cosas que, según él, había vivido mientras estaba muerto. Decía que recordaba haber visto a su primera esposa, ya fallecida para entonces, quien lo esperaba sentada en una banca en medio de un parque y le preguntaba qué hacía ahí si todavía no era su momento y lo animaba a regresar. Mi tío no quería volver, pero ella le insistió en que lo hiciera.

He conocido muchas historias así y no puedo negar que una parte de mí siempre se mostró escéptica hasta que me pasó. He escrito más de doscientas páginas contando mi experiencia y aun así me parece que no quedó bien explicada porque creo que todavía no sé bien cómo hacerlo. Por eso mismo, la interpretación más correcta que he encontrado para todo es la que tiene que ver con algo muy personal: la experiencia propia.

Para mí no solo era importante hablar sobre lo valioso de celebrarnos como sobrevivientes, sino dar un testimonio de que el camino a la supervivencia, en algunos casos, también está acompañado de otro tipo de experiencias de consciencia. Yo estoy seguro que muchas personas, al leer estas páginas, se vieron reflejadas en sus propias experiencias con realidades que todavía no saben cómo explicarse y que siguen recordando con la misma claridad de una fotografía. Experiencias así jamás se olvidan y puede ser que pasemos toda una vida intentando buscarles el significado adecuado y la razón para entender por qué teníamos que vivir eso. Mi viaje puede ser una experiencia muy personal, pero creo que muchas veces lo más personal puede resultar lo más universal.

Hay un hecho muy curioso que jamás se me olvidará de cuando todo esto inició. Yo iba en la ambulancia. Aún tenía conocimiento y estaba muy alerta de todo. Recuerdo que había demasiado tráfico porque salimos de mi casa rumbo al hospital justo a las seis de la tarde y teníamos que atravesar toda la ciudad hasta el sur. Los paramédicos hacían todo para estabilizarme, pero era fundamental llegar a tiempo. Vamos, yo iba muy tarde, dos semanas tarde. De pronto, escuché cláxones y resultaron ser dos motociclistas. Yo no los vi, pero escuché que alguien dijo que parecían agentes secretos: motocicletas negras con ocupantes de traje y cascos completamente negros. Nadie supo quiénes eran aquellos dos que nos abrieron paso en el tráfico y nos escoltaron hasta el hospital para después seguir su camino, pero no dudaría ni por un momento si me dijeran que eran ángeles. Situaciones así que pasan en la vida no pueden tomarse como simples casualidades. Al menos yo no puedo.

Pero regresemos a esa libreta de la que te hablé hace varias páginas y donde anoté todas mis visiones. Cuando empecé a maquinar la idea de hacer algo con mi experiencia, por supuesto que la primera y única opción fue hacer un libro. No sé hacer otra cosa y no me habría gustado hacer otra cosa. Así que abrí de nuevo la libreta y volví a leer cada nota, cada narración, y mientras lo hacía pude revivir todo otra vez incluso con más detalle. La reconstrucción de los hechos me llevó poco más de seis meses y fue el guion que me permitió acomodar las piezas para armar todo lo que has leído, tratando de ser lo más fiel a esa libreta de anotaciones. Y mientras acomodaba las experiencias y les daba un orden, surgió en mí la necesidad de buscar respuestas y significados con personas que pudieran ayudarme a darles sentido. Desde luego busqué a mis terapeutas —uno gestalt y la otra humanista, como yo— y fueron una base muy buena que tomé como punto de partida. Pero de manera inevitable eso me llevó a explorar otros terrenos menos ortodoxos. Contacté a mis maestros budistas, conocidos que se dedican a las artes ocultas, amigos videntes expertos en lecturas de tarot y muchas personas expertas en disciplinas poco convencionales y conocidas que no por eso dejan de revelar muchas verdades. Ese camino de investigación fue lo que me ayudó a darle forma a todo ese viaje y proceso que en mi mente seguía viéndose de proporciones titánicas.

Fue con mis amigos budistas, por ejemplo, donde pude entender los simbolismos y significados de mi experiencia con Tara. Cada persona que estuvo conmigo a lo largo de este proceso de encuentro místico y espiritual fue clave para que yo pudiera tomar todo eso que vi y bajarlo a estas páginas de una forma que pudiera ayudarme a entender el propósito. Lo encontré.

A lo largo de este proceso me he convencido, porque lo he comprobado en mí, de que mucho de mi casi milagrosa recuperación se debió a otro factor que escapa a la ciencia y los tratamientos médicos: la energía. Una disculpa de antemano a aquellos férreos creyentes del método científico y lo comprobable. Les aseguro que no he escrito esto para hacerlos enojar, pero no podía dejar de dar mi testimonio. Aun para el método científico, los testimonios son importantes.

Muchas personas todavía se sorprenden cuando les digo que si hoy estoy aquí no solo es por el magnífico e incansable trabajo de mi equipo de doctores, doctoras, enfermeros y enfermeras, sino también por toda la luz y energía que muchísimas personas, incluso las que menos pensaba, me enviaron en aquellos momentos a través de sus rituales, rezos y plegarias a la divinidad o santo de su preferencia, tal y como me lo explicaron allá en donde estuve. Todo eso hizo una sinergia con mis médicos que, estoy seguro, me trajo de vuelta. Y quienes se dediquen a la medicina y hayan presenciado actos y hechos inexplicables, saben de lo que hablo.

Tristemente, desde el surgimiento de la era *new age*, por allá en los dosmiles tempranos, la palabra energía ha sido muy prostituida y convertida en algo que terminó por ser usado para el marketing de lo esotérico y atrapar incautos. Pero quienes hemos podido adentrarnos en ciertas disciplinas y conocimientos sabemos que la energía es poderosa, es real y somos parte de ella porque también somos energía. Los científicos que lean esto pueden corroborarlo.

Carl Jung, psicólogo y psiquiatra suizo, y en quien he basado mucha de mi formación académica, también lo creía. Él decía que la experiencia humana está compuesta por algo más que mente y cuerpo, también habla de una parte espiritual y metafísica que era igual de importante, tal y como lo explica en su libro de 1944 *Psicología y alquimia.* En él habla de la relación de todos estos mundos espirituales con la psique humana y cómo eso transforma nuestra experiencia debido a manifestaciones que pueden escapar de nuestra comprensión, pero que son tan reales como las experiencias que tenemos en nuestro día a día. Y yo también lo creo, no solo por mi formación humanista y transpersonal —que de hecho es muy jungiana—, sino porque la he experimentado y estoy seguro de que mucha gente allá afuera también ha tenido experiencias espirituales difíciles de poner en palabras, pero no por eso son menos reales.

Algunas semanas después de haber salido del hospital, mi madre me contó algo que hasta la fecha me eriza la piel y me parece impactante. Ella dice que yo ya llevaba varios días intubado sin mejora ni reacciones favorables. Parecía que me había detenido: no empeoraba, pero tampoco mejoraba. Entonces recordó a un buen amigo que se dedica desde hace varios años a la práctica del reiki, una antigua disciplina japonesa cuyo objetivo es la sanación a través de la energía. Mi madre me cuenta que este amigo, con el paso del tiempo, formó un grupo numeroso de reikistas que actualmente se dedica a hacer trabajos de sanación a distancia, pues la energía puede viajar a través del tiempo y el espacio sin importar qué tan lejos esté la persona que la recibe, y yo, en ese entonces, estaba muy, muy lejos de aquí.

El amigo de mi madre reunió a todo su grupo de reikistas y comenzaron el trabajo. Este hombre cuenta que cuando hicieron los ejercicios y las meditaciones necesarias, me vieron en la cama del hospital rodeado de una enorme esfera de luz que no los dejó pasar y, cito textualmente sus palabras de la nota de voz: "Tu hijo está haciendo una labor de vida inmensa, Julieta, inmensa. Anda muy ocupado y lo que está deteniendo su progreso es que está muy lejos resolviendo otras cosas. Tiene tanta luz y nos ha regalado tantas cosas, tanta sabiduría. Solo pudimos saber que esto que le está pasando es parte de su misión de vida, es la tarea que él aceptó desde antes de nacer para poder salvar y sanar a todo su linaje de hombres por parte de la familia de tu esposo y a tu esposo mismo". Cuando mi madre me contó esto, de inmediato vino a mi mente la experiencia que tuve visitando la infancia de mi abuelo y mi padre, como leíste en mi relato. Me pareció una coincidencia extraordinaria porque fue hasta ese momento que yo le conté a mi mamá lo que había pasado mientras dormía y quedó tan sorprendida como yo, pues lo que había dicho su amigo era real. Es decir, no había forma de que él y yo nos pusiéramos de acuerdo para contar algo tan similar. ¿Cómo hubiéramos podido hacerlo? Yo estaba en coma y nadie de esas personas me conocía de antes. Ahí caí en cuenta de que sí pasó, sí fui a ese sitio e hice cosas que tenía que hacer. Llámalo plan divino, misión de vida o como quieras, pero ahí estaba yo, en un lugar muy lejos de la cama del hospital.

Mientras más lo pienso y lo interiorizo, más me convenzo de que tanta energía reunida a mi alrededor, junto con el trabajo médico, es lo que hoy me tiene aquí, contándote mi historia. Incluso he llegado a pensar que no habría sido suficiente solo con la atención médica y que sin todas esas intenciones la historia habría sido diferente.

Una de mis más queridas amigas, creyente del poder y la magia con velas, me cuenta que una noche, sabiendo lo crítico de mi situación, decidió prender una vela en mi honor. La puso sobre una base de alas doradas que después me regaló y, de hecho, se parecen a las alas del ser de luz que vi en mi viaje. Ella cuenta que, a los pocos segundos de encender la vela, la flama de esta creció de tal forma que se volvió como un rayo de luz de al menos quince centímetros, y así duró hasta que se consumió por completo. No lo creí hasta que vi las fotos. Era realmente impactante.

Hay muchas cosas que aún no he podido comprender en su totalidad, pero una amiga que trabaja con registros akáshicos me dice que la mente tarda hasta cinco años en procesar y encontrar toda la información necesaria luego de un evento traumático de tal magnitud. Ahora no me queda más que continuar. No sé si llegaré a encontrar todos los significados para interpretar los simbolismos de aquellas cosas que vi, pero confío en que sí, tal y como me ha pasado antes con muchas otras situaciones y conocimientos que he descubierto y encontrado mientras continúo mi andar por esta vida.

Creo que al final estas páginas no son más que una forma de celebrar y honrar a todas las personas que hemos sobrevivido. Sobrevivir y poder contarlo es algo importante que no podemos pasar desapercibido porque no siempre se sobrevive. Así que si hoy llegaste hasta el final de esta página después de haber sobrevivido a una experiencia de vida que desde luego te hizo o te hará replantearte la persona que eres, te celebro. Celebro mucho que estés aquí, que estés leyendo esto y que nuestras historias de supervivencia nos unan, porque si sigues aquí es porque tienes algo importante que hacer: seguir contando y escribiendo tu historia. Y no hay nadie mejor tú para seguir llevando a cabo esa misión.

Qué alegría saberte aquí, qué alegría saberme aquí y poder seguir produciendo y construyendo la vida juntos.

Gracias por estar.

La libreta

Antes de que termine este viaje, me gustaría compartir contigo, a manera de archivo histórico, algunas fotografías de esa libreta de la que tanto te he hablado y donde plasmé gran parte de mi experiencia fuera de mi cuerpo. Son las anotaciones de aquellos sitios que visité y todo lo que vi mientras dormía. (¿Ves? Te dije que mi letra es espantosa. Perdón por eso).

13/04/23

- Viaje de mi proyección astral

Estoy en un espacio blanco, se parece a una nada. Solo estoy yo y voy caminando sin rumbo. De pronto me encontré con un ser de luz que al inicio era enorme y luego redujo su tamaño pero seguía siendo más alto que yo. No tenía rostro, era una cara llena de puntos de luz como si fueran estrellas y galaxias. Brillaba. Hablamos con la mente al inicio, luego con la boca. Me guió hasta una puerta que yo debía cruzar.

- Luego, en otra visión fui a visitar la cabaña en el bosque donde vivía mi abuela/tía Chelo. No estaba ahí, pero había un niño pequeño que era yo. Creo que tenía que ir a ese lugar a rescatarme a mí, hacer las paces con el niño que fui. La cabaña era hermosa y acogedora. Había un cuadro en la pared que tenía una figura parecida a mí

Aquí se describe mi llegada y primeras impresiones de ese lugar al que fui. También la experiencia que tuve visitando una parte de mi infancia.

Luego el cuadro cambiaba cuando hablaba con mi niño interior. Ahora me mostraba a mí sosteniendo de la mano a mi yo niño y nos íbamos caminando hasta desaparecer. Recuerdo que veíamos Blancanieves porque mi tía Chelo coleccionaba películas de Disney.

- En una ocasión me fui a visitar mis memorias felices. El ser de luz me acompañaba. Íbamos a cuando adopté a Guapo, luego cuando fui al concierto de LODVG. También cuando me dieron la noticia de que me iban a publicar. Vi también la primera vez que presenté Sé cuervo roto en Filij. Eran memorias de recuerdos felices porque yo necesitaba encontrar motivos felices para volver.

- El ser de luz casi siempre estaba conmigo. Era mi guía y me explicaba muchas cosas sobre porqué yo estaba ahí y me explicaba que él había sido humano y ahora daba servicio a otros en ese plano.

15/02/23

Registro viaje astral hospital

- En una de las visiones que tuve visité a unas brujas. Estaba yo en medio de un lago azul y en el medio del lago sobre un islote había un gigantesco árbol color azul. Era hermoso y mágico. Sus ramas eran muy largas y su copa super frondosa. Era un lago infinito y en medio solo ese gran árbol. Del tronco azul del árbol surgieron dos horribles seres femeninos. Yo creo que eran brujas. Es curioso porque siento que ya las había visto antes. Creo que mi yo interior las reconoció. Las perras me asustaban. Querían hacerme sentir mal por mi diagnóstico y me decían cosas muy particulares que nadie más podía saber excepto yo. Incluso me leían el futuro y me decían que me quedaban 10 años de vida. Y de una caja de madera sacaban una profecía. Creo que no pudieron hacerme daño porque sabían que yo también soy (o fui) bruja.

En este texto se habla un poco sobre mis impresiones acerca del ser de luz y también cuento mis experiencias sobre la visión que tuve visitando memorias felices.

Y como fui bruja en una de mis vidas pasadas eso me protegió y evitó que me dañaran. Pero sí me dieron miedo esas malditas. Creo que lo que me sacó de ahí fue una explosión de luz.

- Por cierto a donde fuera, si yo veía el horizonte, siempre veía un aura de luz muy mágica. Sentía que me cuidaba esa luz a lo lejos en el horizonte.

- Luego, no sé porqué, me encontraba en un hospital en una realidad paralela donde había una secta que le rezaba a un demonio llamado San Charbel. Obvio no era su nombre pero querían hacerme creer y que yo rezara a ese ser y que entrara al culto para salvarme. Me sentía secuestrado. Había una vieja asquerosa llamada Eduviges que según era mi doctora. Pero me daba miedo porque tenía cara de Bulldog.

Se veía satánica. Y ella a huevo quería que yo me entregara al ser. A huevo quería que yo le pidiera a ese demonio que me salvara. Yo me negaba y eso la hacía encabronar. Perra vieja, creo que era un demonio también. Y sí creo que en algún punto, hubo una presencia oscura que me intentó llevar. Esos seres se sienten muy atraídos por la luz y se alimentan de ella.

Incluso una ocasión mi mamá iba a convencerme de que le rezara a ese ser. Pero no era real, era una visión provocada por el demonio y la tal Eduviges para manipularme.

También me manipulaban con visiones donde Luis ya tenía otra pareja e incluso me decía que yo ya había muerto. Recuerdo que lloré mucho e inundé todo el departamento. Pero no era real. Eran manipulaciones del demonio.

Aquí describo mi encuentro con las "brujas" en ese árbol del lago.

Como no caí en las trampas del ser oscuro, una vez se me presentó. Era alto, negro de piel negra cubierto de pelo ojos rojos y colmillos y garras. Estaba enojado y quería asustarme pero jamás me pudo tocar porque yo tenía protección. Era horrible. Pero me rescataban 3 personas, o cuatro, que no pude verles el rostro. Pero eran como cazademonios y ellos me decían que me fuera de ahí. Y con un círculo de sal capturaban al demonio y lo calcinaban recitando unas palabras que no puedo recordar.

- No se si lo siguiente ocurrió antes o después de lo de demonio, yo creo que después. De alguna forma iba a parar a un templo budista en una montaña. Era un monasterio. Ahí me esperaba de nuevo el ser de luz. y estaba con [illegible] mi perro que murió antes de que yo fuera al hospital.

El ser y yo, caminamos con calma en los patios del monasterio, y me explicaba que la muerte de mi perro había sido parte de su misión de vida para salvarme.

Yo me acordé, que después de lo del demonio. Porque me explicaba que no pudo ir a rescatarme. Y me contó cómo funcionan las fuerzas de luz y Oscuridad.

Me enseñó el cordón de plata que mantenía unida mi conciencia con mi cuerpo. Por eso sabía que seguía vivo en el hospital y de vez en cuando me tocaba la nuca para ver si la cuerda de plata seguía ahí.

Recuerdo que de repente regresaba a ver mi cuerpo al hospital, y me veía a mí mismo intubado y vi a mis enfermeros atenderme. Cuando les conté que [illegible] oí lo que hablaban mientras yo estaba dormido, se asustaron de pedo. Porque yo no podía saber

Aquí describo mi experiencia con ese ser espectral que yo catalogo como un demonio, cuando creí que había regresado a mi cama de hospital.

esas cosas si yo estaba dormido
pero pues yo las veía y las
oía. Luego regresaba al
plano astral. Me daba un
buen de tristeza verme ahí
en la cama del hospital.

- El ser de luz me explicaba
que debía descubrir mi
misión ahí. Y ahora que me
acuerdo eso fue lo que las
brujas me dijeron y de hecho
hicimos un trato. Si yo no
lograba descubrir qué o cuál
era mi misión, ellos me iban
a llevar pero si lo lograba ellos
se iban a la verga y me dejaban
en paz.

- Ahí en el monasterio, el ser de luz
me decía que la intención era
bien poderosa. Y me decía que
con la intención, encendiera los
cuencos dorados que iluminaban
el lugar, y sí, lo logré. De
pronto todo el monasterio se iluminó
con miles de almas provenientes
de los cuencos. Creo que ahí fue
cuando agarré el poder de muchas
cosas y dejé de sentir miedo

Y supe lo que tenía que
hacer ahí.

18/06/23

- Había mucha luz y salí del
templo. Desperté en un lugar
muy amplio, como una cámara
y en medio había un rayo
de luz. Me acercaba y veía
que eran cuerdas muy finos de luz.

- Antes de eso visité a mi abuela,
la mamá de mi papá y me servía
lentejas. Ella me decía que
no me olvidara de mi papá y mi
abuelo. En la mesa estábamos
el ser, yo, mis papás, mi hermano
y mi abuelo, pero ellos no nos
veían. Mi abuela le sirvió lentejas
al ser de luz. Jaja. Creo que
sí era mi abuela porque estaba
consciente de estar muerta.
Y ella me decía que me estaban
esperando para hacer lo que
fui a hacer. Cuando acabé
mis lentejas me iba al jardín
trasero y ahí me quedaba dormido
en los brazos del ser de luz y luego
despertaba en la cámara.

Aquí continúo con dicha experiencia. Relato la forma en la que querían manipularme y mi encuentro con Eduviges.

Ya en la cámara, una mujer guapa, morena y alta se me presentaba y me guiaba por una especie de "laboratorio" cósmico donde nos observaban a los humanos. Había un holograma gigante de la Tierra y ella decía que los humanos eran el experimento que observaban para estudiarnos.

- Me explicaba que la humanidad vive en una simulación controlada y por eso nos observan, y me contó que ese rayo de luz en realidad eran cerebros de memoria que guardaban la memoria de vida de todas las personas en la Tierra. Yo debía buscar los cerebros de memoria de mi papá y mi abuelo para ir a resolver ciertos asuntos.

- Me metía en el gran holograma de la Tierra y bajaba a un espacio donde estaba rodeado de cientos de finos cerebros. Yo creo que eran miles y debía buscar la de mi abuelo.

La encontraba porque oía la canción que él cantaba. Cantaba a Nacha.

21/02/23

- Viajé a la infancia de mi abuelo al pueblo donde creció en Oaxaca, Tuxtepec. Veía a mi bisabuela. Mi bisabuelo ya había muerto. Y vendían pan para sobrevivir. Un día acompañé a mi abuelo de niño (él no podía verme, yo era como un fantasma) al cuartel de un general a vender pan. Se le vendía todo el pan. Al inicio no lo dejaban entrar pero lo dejaron. Yo me enojaba de que no le dieran acceso, pero en eso llegó el general (o comandante) y le dio permiso.

Poco tiempo después (esto lo vi porque adelanté el tiempo con solo mover la mano) el cuartel se movió de lugar y mi abuelo tuvo que ir al pueblo vecino en tren. Lo acompañé. Mi abuelo iba triste. Le apuraba conseguir dinero.

Aquí relato cómo fui rescatado de ese ser oscuro y cómo después fui a parar al templo/monasterio de luz.

Entonces sentí en mi bolsillo del pantalón una moneda, y se la cuenté rodando por el pasillo del tren. La moneda, era un centenario de Oro. Mi abuelo la agarró y la escondió para que nadie la viera.

Llegamos al pueblo vecino y él vio la moneda y luego se puso a vender el pan que llevaba y se le vendió. Por la tarde volvimos a casa y mi bisabuela no le creyó que se había encontrado esa moneda creyó que la había robado pero no. Finalmente le creyó y con ese dinero hicieron muchas cosas.

- El ser de luz podía adelantar el tiempo o regresarlo solo con mover la mano, yo hacía lo mismo.

Una vez el ser de luz me enseñó los futuros de lo que pasaría si yo moría. Veía como la gente organizaba una despedida en mi memoria y como mi familia superaba mi pérdida.

- Incluso veía como mi pareja encontraba de nuevo el amor y yo sentía mucho dolor pero al mismo tiempo me daba paz saber que me habían superado.

-22/02/23

- Recuerdo que el ser de luz me enseñaba diversos paisajes que cambiaban y luego los absorbía en una bola de luz que se me atravesaba el pecho. Fue una sensación rara. Creo que fue su forma de explicar que éramos el todo.

- Regresé a la gran cámara de los acordes de memoria y buscaba ahora el hilo de memoria de mi papá. y me iba a la juventud de mi papá cuando estaba en la universidad. Él no me reconocía porque yo tenía otro rostro. Estábamos en el patio de la facultad, bajo el árbol del lago de los brujos pero ahora era solo un árbol en el medio de un patio.

Aquí describo mi encuentro de nuevo con el ser de luz y cómo me explicaba lo del cordón de plata que me mantenía unido a mi cuerpo.

Mi papá y sus amigos platicaban sobre un examen.
Luego íbamos a casa de mi papá y en su cuarto platicábamos de las cosas que él y yo jamás le hemos dicho a nuestros padres. Era bonito. Mi papá me confesaba cosas sobre su papá a quien yo ya había visto. Y yo le decía cosas a él aunque él no supiera que era yo.

- Solía ver con frecuencia mi cuerpo en la cama del hospital para asegurarme que seguía vivo.

- Cuando acabé de ver a mi papá regresé al árbol en medio del lago, pero ya no era azul. Era un atardecer y todo era hermoso. Veía en una banca sentada a mi bisabuela que veía jugar en la orilla del lago a mi abuelo y mi papá pero en forma de niños. Me acerqué a él y charlábamos. Le daba gusto verme y me decía que entendía que mi trabajo ahí era poder decirle a cada uno, las cosas que ellos no se dijeron.

- Creo que de alguna manera tenía yo que encontrarlos para sanar cosas que ellos no habían sanado entre ellos. Por eso me pasó todo esto. Ya lo entendí y creo que cumplí.

- En una de esas travesías fuera de mi cuerpo, desperté en los brazos de una deidad budista era Tara Blanca.

- Tara era enorme. Su piel era blanca y brillaba. Era hermosa y tenía ojos en las manos y las palmas de los pies. Luego se hizo de tamaño normal y me guiaba a una tierra hermosa. Era como un paraíso y ahí había una fuente enorme con una flor de loto gigante de donde emanaba agua.

Ambos nos metíamos al agua y Tara me explicaba muchas cosas sobre porqué estaba yo ahí (ya las grabé) y me quedaba dormido en su regazo y me iba a otro lado.

Aquí describo los viajes constantes que hacía a mi cuerpo y luego volvía al plano astral. También cómo el ser de luz me invitaba a encontrar mi misión aquí.

26/02/23

- Me quedé dormido en la fuente mientras Tara me hacía un masaje en la cabeza. El agua era tibia.

- En ese plano astral yo me veía sano. No había enfermedad y estaba todo bien. Recuerdo que me daba miedo volver a mi cuerpo porque no quería volver a un cuerpo que no funcionaba, y constantemente me preguntaba si debía volver o no.

- Creo que cuando me quedé dormido en Tara, tuve una visión donde yo veía muchas parejas copular. Como si tuviera que escoger a mis siguientes padres para renacer. Veía que estaba dentro del vientre de una pareja pero me daba miedo nacer en esa pareja y la mujer me abortaba.

Ahora que lo pienso, quizá yo estaba muriendo en el hospital y por eso me empezaron a mostrar familias y parejas para renacer. Pero yo no quise. Ninguna me convencía.

Incluso vi una pareja, él era guapo y ella también, pero él solo estaba con ella por su dinero, y cuando vi más adelante, en el futuro, pude observar que él nos iba a dejar a mí y mi mamá en esa vida. Me alegra no haber renacido.

- Los brujas se volvieron a presentar en mi cama de hospital. Por alguna razón yo había vuelto y me decían que estaban ahí para cumplir mi parte del trato y lo sería porque yo había ganado, ellos me dejaban libre de toda profecía y ya no me iban a llevar. Luego se fueron. Fue la última vez que las vi.

Aquí describo cómo salí del templo de luz y desperté en el sitio de las cuerdas de memoria. También hablo del encuentro que tuve con mi abuela paterna y cómo ella me aconsejó cosas acerca de por dónde iniciar mi propósito, así como no olvidarme de buscar a mi padre y mi abuelo.

27/02/23

• Recuerdo que volví a la puente con Tara y ella me animaba a seguir viendo que había más adelante. La verdad tenía mucha curiosidad. Ella y el ser de luz me decían que yo siempre podía volver y que si me tardé en regresar a mi cuerpo fue porque yo aún estaba indeciso en el astral.

Salí de la puente y empecé a caminar por unas escaleras hermosas hacia el cielo y a mitad de camino me encontré de nuevo al ser de luz q me acompañaba. Mientras subíamos por esas escaleras al cielo platicamos cosas y yo le preguntaba sobre qué hacer al volver.
Al cabo de un rato llegamos a una nada blanca que luego fue negra era un vacío oscuro no se veía nada solo el ser de luz y su resplandor.
Ahí algo me empujó y salí disparado y empecé a caer de nuevo por el cielo de las escaleras.

El ser de luz iba tras de mí volando a toda velocidad y me atrapó, pero luego le pedí que me dejara caer, creo que ahí decidí que quería volver a mi cuerpo y el ser de luz me dejó caer. Descubrí que el ser de luz todo ese tiempo fui yo mismo porque mientras caía, vi mi cara en su rostro. Creo que eso es. Así es como lo interpreto.

Yo seguí cayendo y supongo que caí en mi cuerpo porque a los pocos días desperté en el hospital en esta realidad.

Vi cosas que aún sigo tratando de procesar. Me dieron mucha información que debo entender. Sobre todo en el "laboratorio". Me confirmaron que la realidad humana es una simulación, pero tenemos la libertad de elegir, y eso es lo que estudian de nosotros.
Los humanos somos criaturas preciadas por el Universo por nuestras características.
Tengo mucho qué pensar.

Aquí describo mi encuentro con la mujer del "laboratorio" de las cuerdas de memoria, cómo funciona y cómo hablaba sobre que los humanos son una simulación.

Agradecimientos

¡Qué viaje! ¿No? De nuevo me encuentro frente a frente con esa sensación agridulce de dar por terminado algo que durante tanto tiempo llevé conmigo y donde dejo mucho de mí también. Sumergirme en este viaje contigo es de las experiencias más llenadoras que he tenido por todo lo que significa y lo que sé que puede representar para ti y quienes lo lean.

Hace tiempo aprendí que el acto de agradecer es por demás poderoso, porque donde está tu agradecimiento está tu mente. Somos lo que agradecemos y en eso nos convertimos. Por eso no quiero perder la maravillosa oportunidad de hacerlo y quiero que me acompañes.

Primero que nada, gracias a todas las personas del INER que estuvieron a cargo de mi caso y pusieron todo su empeño y profesionalismo para que yo pudiera recuperar la increíble capacidad de respirar. También agradezco a mi familia, amigos y colegas, que con su infinito amor y luz me protegieron y me cuidaron aun cuando yo andaba muy lejos de aquí. Desde allá pude ver esa luz y creo que eso me dio la fuerza para poder continuar. Gracias por cada vela, cada rezo y cada ritual en mi nombre, que también contribuyeron a que yo esté aquí compartiendo esto.

Gracias muy especiales a Elizabeth Rosales, David García, Dalila Carreño y Alan Viruette por todo su apoyo, cariño y atenciones para conmigo y mi familia en aquellos momentos tan complicados. Recibir también el apoyo de la editorial a través de ustedes fue lo que ayudó a que mi familia no se hundiera. Gracias por no dejarlos caer. Son y siempre serán bien correspondidos con mi cariño hacia ustedes, y qué fortuna tener personas así en mi vida.

Gracias por supuesto a mi casa editorial Penguin Random House por permitirme seguir haciendo lo que más amo hacer, que es escribir y compartir mi visión de la vida a otros desde este pequeño pedacito de mundo que me ha tocado ocupar. Gracias por creer en mí, por confiar y hacerme sentir siempre como en casa. Es un honor trabajar con ustedes. Que la vida nos alcance para seguir contando historias juntos.

Y por supuesto gracias a ti, que has llegado hasta aquí. Gracias por dejarme entrar una vez más en tu vida a través de mis letras y regalarme un poco de tu tiempo cada vez que te sientas a leer las páginas que escribo. Gracias por darle significado y razón de ser a esto que hago con tanta emoción y cariño. Tú, cada lector y lectora que me acompaña en cada nueva historia son el motivo que me impulsa a seguir creyendo en lo que hago y saber que, a pesar de las dudas y los miedos que a veces puedan embargarme, sí hay propósito en mi oficio.

Gracias por permitirme seguir aquí contigo, en cada letra, en cada párrafo… en cada página

.

Con cariño,
@alejillotol

Más libros de

ALEX TOLEDO

Ni siempre, ni nunca (ni tú, ni yo)

Si alguna vez te has preguntado cómo lidiar con tu soledad, estas páginas son la respuesta que esperabas. Lo que tienes en tus manos es una carta de amor a la soltería y a todas las personas que están aprendiendo a disfrutar de su propia compañía. Porque en la soledad también hay felicidad y experiencias que valen la pena contar: encuentros fugaces que, aunque están destinados a no ser, significan algo y nos ayudan a entender que al final, la relación más importante es la que tenemos con nosotros mismos. Y si comprendemos eso, podemos confiar en que siempre habrá nuevos encuentros, historias y sí... quizá nuevos amores.

Antes de dejarte ir

El día que Luc despierta en el consultorio de su terapeuta, el Dr. Bail, sin recordar cómo llegó ahí, su existencia da un giro radical. Lo que antes eran simples sueños (o complicadas pesadillas), ahora son mensajes cada vez más enigmáticos, que no permiten que Luc se concentre en lo que realmente es importante para él. A pesar de haber probado las mieles del éxito en su vida profesional desde una corta edad, Luc no puede evitar sentirse un extraño y fuera de lugar en su propia vida, y las sesiones con su terapeuta parecen no llegar a ningún lado. Su instinto de periodista le dice que algo está mal, que Bail tal vez no sea quien en verdad dice ser, que la gente que lo rodea no lo ve como debería de verlo, y que las cosas extrañas que le están ocurriendo tienen un porqué. Luc tal vez será uno de los reporteros más importantes de su generación, pero la verdad que debe descubrir es una para la que no cualquiera está listo

Se curan rotos, descosidos y deshilachados

Deja de sentirte roto y vive completo, dispuesto a encontrar a otros seres completos. Tú sabes que hay verdades incómodas, incluso imprudentes pero... necesarias. Te revelan lo que necesitas oír y no lo que tu fantasía te dicta. Podrás reír, llorar y hasta querrás tirar la toalla, pero algo es seguro: después de leer este libro no serás la misma persona. Si te hacen falta unas cuantas puntadas, estas páginas serán tu mejor sastre.

Sí hay vida después de un amor furioso e ingrato, incluso hay mucho más y mejor amor.

Los silencios que habito

¿Cómo superar una ruptura amorosa? ¿Qué hacer cuándo sientes que el mundo se te viene encima debido a la pérdida de un amor?

En *Los silencios que habito*, el autor entrelaza varias historias en las que se habla sobre la manera en la que los sentimientos de las parejas van cambiando, lo que provoca que el estatus de los vínculos amorosos se modifiquen.

En este audiolibro, el autor explora el amor y desamor entre las parejas.

Esta obra se terminó de imprimir
en el mes de septiembre de 2024,
en los talleres de Litográfica Ingramex S.A. de C.V.,
Ciudad de México.